비즈니스
영어 이메일
한 권으로 끝내기

비즈니스 영어 이메일 한 권으로 끝내기

제니 조, 마이클 매닝, 피터 래버, 최준영 지음

BM (주)도서출판 성안당

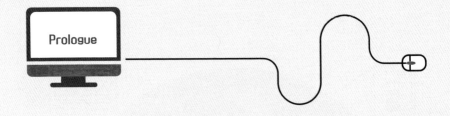

미국의 프로그래머이자 발명가인 레이몬드 톰린슨(Raymond Samuel Tomlinson)이 1971년 세계 최초로 이메일을 개발한 이후 이메일은 인터넷의 발달과 함께 현대인의 삶에 빠르게 녹아들어갔다. 전 세계 77억 명의 인구 중 이메일을 사용하는 인구는 37억 명에 달하고, 이들이 만든 이메일 계정은 46억 개에 이른다고 한다.

비즈니스에서 이메일은 빼놓을 수 없는 중요한 일과와 업무가 되었다. 매일 아침 출근하면 이메일부터 열어보는 것이 일상이 된 지 오래다. 미국의 한 기업 통계에 따르면 직장인들은 하루 평균 90통의 이메일을 받고, 40통의 이메일을 쓴다고 한다. 특히 기업의 활동 영역이 갈수록 넓어져 세계를 무대로 비즈니스가 이뤄지면서 많은 직장인들이 영어로 이메일을 작성해야 하는 부담도 커지고 있다.

이 책은 영어로 작성하는 이메일의 모든 것을 담고 있다. 이메일 제목뿐만 아니라 상대방에 대한 호칭은 무엇이 좋은지, 인사말과 본문 구성은 어떻게 쓰고, 마지막 마무리 글과 인사말, 그리고 사인오프는 어떤 것을 선택할지 이메일의 A부터 Z까지를 모두 다루고 있다.

2~7장은 상황에 따른 이메일 작성 요령과 제목, 많이 쓰는 단어, 문장, 그리고 실제 사용 가능한 예문으로 구성했다. 문장과 예문은 독자의 상황에 따라 그대로 차용해도 될 정도로 구체적인 것들로 채웠다. 이 책은 중간중간 이해를 돕고자 각종 꿀 팁도 포함시켰다.

축하, 위로, 감사 등 소소한 소셜 이메일부터 알림, 초청, 확인, 정정, 제안서, 보고서 등 비즈니스 과정에서 발생할 수 있는 거의 모든 상황에 대한 이메일을 생생한 예문과 함께 소개했다. 따라서 이 책은 직장인들에게 매우 유용한 참고 자료가 될 것으로 확신한다. 또 취업준비생을 위해 자기소개서와 이력서, 추천서 작성을 포함해 구직 과정에서 필수적인 이메일을 상세한 설명과 함께 아주 구체적인 예문을 통해 소개하고 있다.

이 책을 출간하는 과정에서 도움을 준 분들에게 감사의 뜻을 전하고자 한다. 저술 구상 단계에서 격려와 조언을 아끼지 않은 조동성 산업정책연구원 이사장님, 이 책의 출간을 도와준 정유진 출판문화원장님, 출판을 흔쾌히 허락해 준 (주)성안당 출판사 대표님께 감사의 마음을 전한다.

마지막으로 늘 묵묵히 곁을 지키며 응원해 준 가족에게 모든 공을 돌리고자 한다.

최준영, 제니 조, 마이클 매닝, 피터 래버

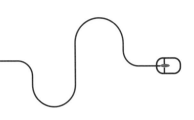

Contents

2 소셜 이메일

3 커뮤니케이션 이메일

+

4 구직/채용 관련 이메일

5 직장 내 이메일

6 비즈니스 업무 이메일

7 민감한 주제 이메일

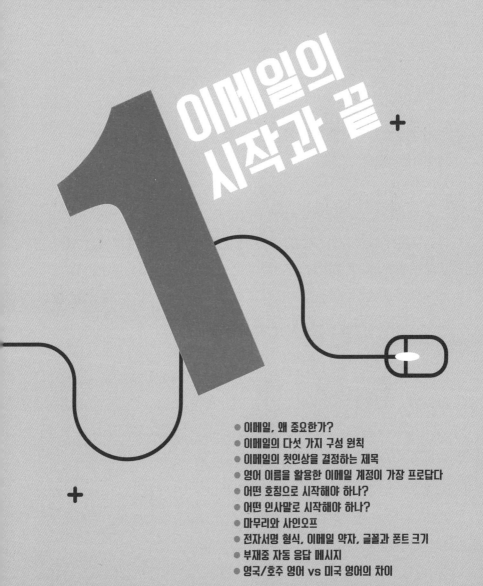

1 이메일의
시작과 끝

이메일, 왜 중요한가?

미국 캘리포니아에 본부를 둔 클라우드 이메일 전문업체 래디카티그룹(Radicati Group)의 통계에 따르면 2019년 기준, 전 세계적으로 하루 평균 2,936억 개의 이메일이 전송된다고 한다. 이메일 계정을 갖고 있는 인구는 37억 명으로, 지구상에 사는 인구(약 77억 9,479만 명) 중에서 약 2명당 1명꼴로 이메일을 쓰고 있다는 계산이 나온다.

연평균 이메일 증가율이 4.4%인 점을 고려하면 2021년에는 전 세계적으로 하루 평균 3,196억 개의 이메일이 오고 가고, 41억 명의 인구가 이메일 계정을 갖게 될 것이라고 예상된다. 그리고 시간당 131억 6,600만 개의 이메일이 오고 갈 것인데, 이것을 분당 계산하면 2억 1,944만 개의 이메일이 폭포처럼 쏟아질 것으로 추정된다. 이에 따라 현대사회는 가히 '이메일의 홍수 시대'라고 할 수 있다.

래디카티그룹의 조사에 따르면 미국의 직장인들은 하루 평균 90통의 이메일을 받고, 40통의 이메일을 쓴다고 한다. 물론 직장인들이 받는 90통의 이메일에는 원치 않은 홍보성 이메일이나 스팸메일도 포함되어 있을 수 있어 이메일은 중요한 비즈니스 수단인 동시에 스트레스의 원흉으로도 꼽힌다. 그럼에도 불구하고 미국의 직장인 100명 중 86명은 가장 효율적인 B2B 커뮤니케이션 수단으로 이메일을 꼽고 있어서 이메일은 비즈니스를 할 때 빼놓을 수 없는 중요한 도구로 자리잡고 있다.

한국도 이메일을 통한 업무가 일반화되면서 업무 관련 이메일이 폭발적으로 증가하는 추세다. 더욱이 2020년 전 세계를 공포로 몰아넣은 신종 코로나바이러스(COVID-19)의 확산으로 재택근무나 언택트 근무가 늘어나면서 업무 관련 이메일을 써야 하는 경우는 더욱 늘어나고 있다. 앞에서 언급한 미국 통계자료를 기초로 해서 산출해 보면 한 달 중 20일을 일한다고 가정할 경우 직장인들은 매월 약 800통의 이메일을 써서 1년에 약 9,600통의 이메일을 쓴다는 계산이 나온다.

업무상 이메일 상대는 성별은 물론, 직위와 연령층이 다양하기 때문에 국제적 비즈니스 관행에 맞게 이메일 쓰는 방법을 잘 익히는 것은 매우 중요하다. 경우에 따라 무례하게 비쳐질 수도 있고, 상대방의 기분을 상하게 해서 비즈니스 자체를 망칠 수도 있기 때문이다. 특히 언어와 문화적 차이가 있는 외국인과 영어로 이메일을 주고받아야 하는 경우라면 오탈자나 문법 자체도 중요하지만, 상대방의 문화적 특성을 고려한 이메일 쓰기가 비즈니스의 성공을 좌우하는 핵심 요소로 꼽히고 있다.

이메일의 다섯 가지 구성 원칙

하루 평균 90여 통의 이메일을 받는 직장인 입장에서 긴 내용의 이메일은 읽기가 쉽지 않다. 따라서 특별한 경우가 아니라면 이메일은 용건만 간단히, 핵심 위주로 짧게 쓰는 게 좋다. 이메일 앱 '부메랑(Boomerang)' 조사에 따르면 보통 영어 단어로 75자에서 100자를 넘지 않아야 상대방이 읽기 편하고, 답장을 받을 확률이 가장 높은 것으로 나타났다.

좋은 이메일은 다음의 5단계로 구성된다.

❶ 제목(subject lines)

❷ 호칭과 인사말(begin with a greeting)

❸ 본문(state your purpose)

❹ 마무리(closing remarks)

❺ 사인오프와 전자서명(end with sign-off & signature)

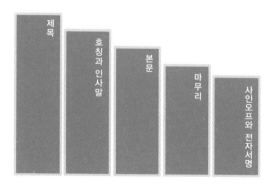

■ 제목

　제목은 이메일의 첫인상을 결정한다. 요즘같이 이메일의 홍수 시대 속에서 원치 않은 마케팅, 홍보, 스팸 이메일이 쏟아질 경우 잘못된 제목은 자칫 스팸 메일로 분류되어 영영 빛을 보지 못할 수 있다.

　이메일을 작성할 때는 받는 사람의 흥미와 관심을 끄는 게 매우 중요하다. 궁금증을 유발해 이메일을 열어보도록 유도하는 상업적 목적의 마케팅이나 세일즈 목적이 아니라면 이메일 본문과 직접 연결해서 간결하게 작성하는 게 좋다. 구글 사이트에는 이메일 제목 자동생성기가 있으므로 키워드를 통해 이메일 제목 달기를 연습하는 것도 좋은 방법이다.

EXAMPLE

- Subject: Inquiry for Job Position
  제목: 채용 직책에 관한 문의

- Subject: Urgent Cancellation for Meeting on July 4
  제목: 7월 4일 미팅 긴급 취소

- Subject: Request for Full Refund
  제목: 전액 환불 요청

■ 호칭과 인사말

　호칭과 인사말은 이메일의 시작이다. 특히 상대방에 대한 호칭의 중요성은 아무리 강조해도 지나치지 않는다. 여성을 남성으로 호칭한다거나, 직책을 틀리게 쓰거나, 예의 없이 상대방을 부르는 것처럼 쓴다면 이메일을 읽는 사람은 시작부터 기분이 상할 수 있다. 호칭 다음에는 인사말을 쓰는데, 어떤 내용의 이메일이냐에 따라 상황별 인사말은 달라야 한다.

- Dear Justin Kim,
  Hope you are having a great day.
  좋은 하루 보내고 계시죠?
- Hi Amy Lee,
  Warm greetings from Incheon National University!
  인천대학교에서 인사드립니다.
- Hey Tom,
  It's good to hear from you again.
  다시 소식을 듣게 되어 반갑습니다.

■ 본문

본문에는 이메일을 쓰는 목적을 담는다. 내용은 핵심 위주로 써야 하며 중요도의 순서에 따라 논리적으로 본문을 작성하는 습관을 갖는 게 바람직하다.

본문에 앞서 오프너(opener)를 많이 쓰는데, 오프너는 이메일을 기분 좋게 시작하는 윤활유 역할을 한다. 미팅을 주선해 준 데 대해 감사의 뜻을 밝히거나 어떤 도움, 자료, 정보 등을 준 데 대해서도 고맙다는 표현을 쓰는 것이 좋다. 별일 아닌 것에도 '땡큐'를 입버릇처럼 달고 사는 영어권 문화를 고려한다면 감사의 표현을 쓰는 데 전혀 인색할 이유가 없다.

- Thank you again for meeting with me to discuss the marketing manager position. Following our conversation this morning, I would like to ask whether you are willing to accept the marketing manager position.

  마케팅 매니저 직책을 논의하기 위해 만나준 것에 대해 다시 한번 감사드립니다. 오늘 오전에 있었던 우리의 대화와 관련해서 귀하가 마케팅 매니저 직책을 수락할 의향이 있는지 묻고 싶습니다.

- Please accept my deepest thanks. I am writing with reference to your enquiry of November 6.

  먼저 진심으로 감사드립니다. 11월 6일 보내온 귀하의 문의에 대한 답장입니다.

- I appreciate your patience. I am writing this to ask if you are still interested in the job position we offered.

  인내를 갖고 기다려주신 데 대해 감사드립니다. 귀하가 우리가 제안한 직책에 여전히 관심이 있는지 궁금하여 이 글을 씁니다.

■ 마무리

이메일을 마무리하면서 상대방에게 감사의 뜻을 다시 한번 전하거나 상대방의 어떤 행동을 기대하는 표현을 쓰는 게 좋다. 가령 도움을 줘서 한 번 더 고맙다고 하거나 빠른 회신을 기대한다는 등의 표현이 여기에 해당한다. 물론 항상 마무리가 필요한 것은 아니다. 친한 직장 동료, 혹은 상대방과 매우 자주 메일을 주고받는 사이라면 그때마다 같은 문구를 쓰는 것은 진부해 보이므로 이 경우 마무리는 생략해도 무방하다.

- Thank you once more for your help in this matter.
  이 문제와 관련해서 도움을 주신 점 다시 한번 감사드립니다.

- I look forward to hearing from you soon.
  조만간 답장을 보내주셨으면 합니다.

- If I can be of assistance, please do not hesitate to contact me.
  어떤 도움이라도 필요하시다면 언제든지 연락 주시기 바랍니다.

■ 사인오프와 전자서명

사인오프(sign-off)는 이메일을 끝내는 일종의 작별인사로 보면 된다. 영어권에서 이메일에 쓰는 사인오프는 형식을 갖춘 공식적인 사인오프와 허물없이 친한 사이에 쓸 수 있는 캐주얼한 사인오프로 구분되는데, 비즈니스와 관련된 이메일에는 반드시 공식적인 사인오프를 쓰는 것이 바람직하다. 또 사인오프는 쉼표(,)로 마무리한다는 점을 잊어서는 안 된다.

Traditional	Formal	Informal
Cordially yours,	Best regards,	All the best,
With great appreciation,	Best wishes,	Cheers,
With respect and gratitude,	Kind regards,	Talk to you soon,
Yours sincerely,	Regards,	Thanks,
Yours truly,	Respectfully,	Warm wishes,

서명은 이메일을 보내는 사람에 관한 정보로, 이름과 직책, 회사, 전화번호, 이메일, 회사 홈페이지 등의 정보가 들어가야 한다. 비즈니스 관련 이메일을 많이 보내야 한다면 개인 고유의 서명 틀을 미리 만들어놓는 게 좋다.

이메일의 첫인상을 결정하는 제목

글로벌 시장조사업체 래디카티그룹의 통계에 따르면 사람들은 이메일 제목 (subject lines)만 보고 열어볼지, 말지를 결정하는 경우가 10명 중 4.7명에 달한다고 한다. 제목만 보고도 스팸메일로 간주해서 바로 휴지통으로 보내거나 스팸메일로 신고하는 경우도 10명 중 7명에 이르는 것으로 조사됐다.

이 같은 통계는 이메일 제목이 얼마나 중요한지를 여실히 보여준다. 제목은 이메일의 첫인상을 결정하는 동시에 이메일이 궁극적으로 받는 사람에게 제대로 읽힐지, 아니면 휴지통으로 들어갈지를 결정하는 핵심 요소이므로 어찌 보면 본문보다 더 중요하다.

특히 비즈니스와 관련된 이메일을 작성할 때는 메일의 성격을 명확하게 밝히는 단순 명료한 제목이 바람직하다. 또 마케팅이나 제품 세일과 관련된 이메일의 경우 받는 사람이 흥미를 느끼고 궁금증에 못 이겨 열어보도록 유도하는 게 핵심적 기술로 통한다.

콘텐츠 마케팅 전문가들에 따르면 좋은 이메일 제목은 다음의 일곱 가지 원칙을 준수하는 게 중요하다고 지적한다.

① 제목은 짧고 심플하게 작성한다.

비즈니스 인사이더(Business Insider) 조사에 따르면 이메일 제목이 길면 사람들은 읽기도 전에 지치거나 일단 피곤함을 느낀다고 한다. 더욱이 노트북이나 데스크톱이 보여주는 이메일 제목은 글자 수로 최대 60자를, 모바일폰은 기껏해야 25자를 넘지 않는다. 따라서 제목은 가급적 짧고 심플하게 작성하는 게 좋다. 제대로 된 문장을 만들기보다는 핵심 단어 중심으로 요약하고 3~5개 이내의 단어가 가장 좋다는 연구 결과도 있다.

② 제목을 먼저 정한 후에 본문을 작성한다.

많은 사람들이 이메일의 내용을 먼저 작성하고 맨 마지막에 이메일 제목을 고민해서 달곤 한다. 하지만 이메일의 일관성을 위해서는 제목을 먼저 달고 제목을 상기하면서 글의 내용을 풀어가는 것이 보다 명확하게 메시지를 전달하는 효과적인 방법으로 평가된다.

③ 무엇에 관한 이메일인지 핵심 주제를 포함시킨다.

이메일 제목의 글자 수가 한정되어 있다는 것을 고려하면 이메일이 어떤 주제에 관한 것인지를 명확하게 밝히는 제목이 좋다. 간혹 마케팅 관련 이메일의 경우 받는 사람의 궁금증을 유발시키는 것도 효과가 있지만, 제목에 본문 주제를 포함시키는 이메일이 일반적이다.

④ 이메일을 받는 사람이 속한 회사를 언급한다.

영미권 비즈니스 전문가들이 이메일 제목과 관련해서 흔히 하는 말은 제목을 의인화(personalize)하라는 것이다. 이메일 제목이 지나치게 딱딱한 것보다는 받는 사람이 속한 회사와 연관시켜서 의인화한다면 관심을 갖고 이메일을 열어볼 가능성이 더 높은 것으로 조사됐다.

⑤ 대문자 이메일 제목은 피한다.

영어권 문화에서 Caps Lock 을 누르고 'LAST CHANCE TO GET A 3-DAYS FREE TRIAL!'같이 모든 단어를 대문자로 쓰는 것은 강조의 의미가 아니라, 화가 나서 상대방을 향해 소리를 지르는 것을 의미한다. 이메일 제목이 모두 대문자로 작성되어 있다면 이메일을 보낸 사람이 무척 화가 나서 자신을 향해 고래고래 소리를 지르는 것처럼 오해할 수 있으므로 주의해야 한다.

⑥ 과거 사용했던 제목의 재활용은 절대 NO!

간혹 귀찮아서 그런지 몰라도 이미 한 번 사용했던 이메일 제목을 동일한 사람에게 보내는 경우가 있다. 같은 이메일 제목은 사람들에게 식상함을 안겨주고 성의가 없는 것으로 오해받을 수 있다. 또한 같은 제목을 쓴다면 이메일을 받는 사람이 이미 읽었던 이메일을 실수로 두 번 반복해서 보낸 것으로 오인해 읽지 않고 그냥 넘어갈 수도 있다.

⑦ 스팸메일로 오해받을 수 있는 단어는 피한다.

마케팅과 관련된 이메일이 늘어날수록 스팸메일인지, 아닌지를 귀신같이 찾아내는 프로그램도 계속 개발되고 있다. 이른바 '스팸 필터'에 걸려 상대방에게 전달되기도 전에 스팸메일박스로 이동되지 않도록 스팸메일을 연상시키는 단어는 가급적 피해야 한다.

다음은 스팸메일로 오해하기 쉬운 단어와 문장으로, 대부분 돈, 투자, 수익을 직접 언급한 것들이다.

Membership Promotions	Sales Promotions/ Free Items	Financial/Business Opportunities	Miscellaneous
• What are you waiting for? • While supplies last • You are a winner • You have been selected • Try one month free of our program • 50% off membership fees • Special promotion sign up free	• Incredible deal • Closeout sale • Clock's ticking 50% off all summer clothing • Celebrate our anniversary sale this Monday • Black Friday sale begins at midnight! • Save money with our online specials!	• Additional income • Double your cash/ your income • Earn extra cash/ money • Extra cash/ income • Get paid • Credit card options • No hidden costs • Eliminate debt • Increase your sales	• Dear (friend/valued customer) • Hello • Click below • One-time mailing • Visit our website • 100% satisfaction guaranteed see for yourself

영어 이름을 활용한 이메일 계정이 가장 프로답다

이메일 계정을 만들 때 가장 흔한 방법은 자신의 영어 이름을 이용하는 것이다. 격식과 형식을 따지는 비즈니스 이메일에서 이름을 활용한 이메일 계정은 가장 평범하지만, 가장 프로다운 방식이다.

 비즈니스에서 쓸 수 있는 평범하면서도 무난한 이메일 계정을 만드는 방법은 다음과 같다.

① 영문 이름만 활용한다.

자신의 이름 뒤에 곧바로 도메인을 쓰는 방식이다. 가령 이름이 '김경수'라면 성을 빼고 영문 이름을 활용해 'kyungsoo@email.com'처럼 이메일 계정을 만드는 방식이다. 영미권 사람들의 이메일 계정을 보면 이런 방식이 가장 인기가 많고 흔하다. 이름 전체를 드러내지 않으면서도 외우기 쉽고 자신의 이름을 기억시킬 수 있기 때문이다. 다만 이름만 갖고 이메일 계정을 만들 때 동명이인이 있으면 헷갈릴 수 있다는 것이 단점이다.

② 영문 이름과 성의 첫 알파벳을 조합한다.

영미권에서 두 번째로 선호하는 방식이다. 특히 이메일을 받는 사람의 정확한 이메일 주소를 모를 경우 그 사람의 이름과 성의 첫 알파벳을 조합하면 찾는 사람에게 전달되는 의외의 사례도 심심찮게 목격된다. 하지만 한국인의 이름 특성상 성의 첫 알파벳만 사용해도 이름 전체를 유추할 수 있어 불특정 다수에게 이름이 노출되는 위험이 있다. 반대로 성은 그대로 쓰고 이름의 첫 알파벳을 조합해서 만드는 방식도 있다.

③ 영문 이름과 숫자를 조합한다.

영문 이름의 뒤나 앞에 자신이 좋아하는 숫자, 전화번호 뒷자리, 혹은 태어난 해를 덧붙이는 방식으로, 한국 사람들이 가장 선호한다. 이름이 '김경수'이고 1990년생이라면 'kyungsoo'와 '90'을 조합해서 'kyungsoo90@email.com' 식으로 이메일 계정을 만들 수 있다.

④ 직책을 활용해 회사 이메일 계정을 만든다.

회사 고유의 도메인으로 이메일을 만들 경우 단순하게 자신의 직책만 활용하는 방식이다. CEO나 부사장 등 회사에서 한 명만 있는 직책의 경우 'ceo@email.com' 혹은 'vicepresident@company.co.kr'과 같은 방식으로 만든다.

❌ 이런 이메일 계정은 절대 NO!

반대로 다음과 같은 방식으로 이메일 계정을 만드는 것은 절대 금물이다.

① 우스꽝스러운 형용사나 수식어를 사용한다.

업무상 수많은 사람들로부터 이메일을 받다 보면 이메일에 'cool', 'pretty', 'amazing', 'magic', 'handsome' 등의 수식어를 붙여 'amazingkyungsoo90@email.com'과 같은 이메일 계정을 쓰는 사람을 간혹 발견한다. 본인은 유머 차원에서 이런 수식어를 쓰는지 모르겠지만, 격식과 형식을 따지는 비즈니스에서 이런 종류의 이메일 계정은 상대방에게 가벼운 사람이라는 잘못된 이미지를 심어줄 수 있어 피하는 게 좋다.

② 만화 주인공이나 영화 제목을 사용한다.

간혹 유명한 만화 주인공이나 할리우드 영화 제목을 따서 이메일 계정을 만드는 경우가 있는데, 이는 비즈니스 이메일에 어울리지 않는다. 더 심한 경우에는 이메일 계정에 비속어나 성을 연상시키는 단어, 혹은 은밀한 신체 부위를 가리키는 단어를 조합하는데, 이는 비즈니스 이메일 계정 중에서 가장 최악의 케이스다.

기업 인사 담당자들에 따르면 실제로 이런 황당한 이메일 계정으로 버젓이 입사 응시원서를 제출하는 사람들이 있다고 한다. 이런 이메일 계정을 사용하고 있다면 당장 영어 이름이 들어간 평범한 계정으로 바꿔야 한다.

- Incrediblehulk89@email.com 인크레더블헐크89
- sponge_bob@email.com 스폰지밥
- spiderman69@email.com 스파이더맨69(69의 성적인 의미에 유의하라.)
- chickenwinner@email.com 카지노영화 〈21〉에 나왔던 딜러의 대사

③ 한글/영어 변환은 절대 NO!

기업 인사 담당자들이 입사 지원자들을 상대할 때 가장 많이 꼽는 문제 중 하나는 지원자의 이메일이 아무 의미 없는 알파벳 조합으로 만들어진 경우다. 많은 이메일을 취급해야 하는 직업 특성상 이런 이메일을 보면 지원자에 대한 이미지가 나빠지거나 심지어 짜증이 난다고 한다.

한국 사람들 가운데 이메일 주소를 만들 때 의외로 자신의 한글 이름을 영문으로 전환하여 쓰는 경우가 30%에 달한다는 조사 결과도 있다. 이름이 '홍길동'이라면 이를 영문으로 전환해서 'ghdrlfehd123@email.com'과 같이 뜻을 알 수 없는 알파벳으로 구성된 이메일 주소를 만든다는 것이다. 이런 현상은 중고등학생이나 대학생 사이에서 많이 발견된다. 특히 엑셀과 MS 워드에는 한글 변환 기능이 있어 이런 종류의 이메일이 한글 이름으로 바뀌어 애를 먹는다고 한다. 한글을 알 수 없는 외국인이 보기에는 최악의 상황이다. 따라서 한글 이름을 영어자판으로 변환하여 이메일 계정을 만드는 것은 절대 피해야 한다.

어떤 호칭으로 시작해야 하나?

영어 이메일을 쓸 때 가장 먼저 선택해야 하는 것은 호칭(Greetings)이다. 상당한 친분이 있고 수십 차례 이메일을 주고받은 사이라면 호칭에 대한 고민은 없을 것이다. 하지만 이메일을 처음 쓰는 대상이거나 전혀 모르는 사람이라면 호칭때문에 고민에 빠질 수밖에 없다.

내용이 중요하지, 호칭이 뭐가 그리 중요하느냐고 반문할지 모르지만, 영어 이메일에서 호칭은 이메일을 보낸 사람에 대한 호불호를 불러일으킬 수 있는 매우 중요한 부분이다. 비즈니스 에티켓 전문가인 바바라 팻처(Barbara Pachter)는 비즈니스 인사이더(Business Insider)에 만약 이메일에서 잘못된 호칭으로 시작한다면 상대방은 나머지 내용을 읽지 않고 무시할 수 있다고 경고하는 글을 기고했는데, 바로 이런 이유 때문이다.

우리나라의 경우 이름 뒤에 직함과 님을 합쳐 '○부장님', '○과장님', '○대리님'이 가장 흔하게 쓰이는 이메일 호칭이다. 특별한 직함이 없으면 이름 뒤에 '~님'을 붙여 '○님' 혹은 '○님에게'라고 시작하는 것이 가장 무난하다. 하지만 영어 이메일에서는 호칭이 매우 다양하기 때문에 상대방과의 친밀도나 이메일의 내용, 그리고 상황에 따라 매우 조심해야 한다.

■ Hi + 이름,

가장 흔하게, 그리고 가장 많이 쓰는 방식으로, 직설적이면서 간단명료하다. 동시에 친근감을 주는 방식이다. 상대방에게 처음 이메일을 쓰거나 친분이 있는 경우 모두 사용이 가능하다.

문법적으로 따지면 원래는 'Hi' 다음에 콤마를 쓰고, 이름 뒤에도 구두점을 써야 맞다. 하지만 현실적으로 'Hi, David.'라고 쓰는 경우는 거의 없으므로 그냥 'Hi David,'라고 쓰면 된다.

경우에 따라서 'Hi' 대신에 'Hello'를 쓰기도 한다. 하지만 원어민 입장에서는 'Hi'에 비해 'Hello'를 약간 가볍게 생각할 수 있어 상대방에게 처음 이메일을 쓰는 경우라면 'Hi'로 시작하는 것이 무난하다.

EXAMPLE

● Hi David,
● Hi Susan,
● Hi Dr. Lee,

'Hi' 다음에 그냥 이름만 쓸지, 성을 쓸지, 성과 이름을 함께 쓸지, 혹은 직함까지 붙여 '직함＋풀 네임'을 써야 할지를 놓고 고민하는 경우가 많다. 영어 이메일에서는 상대방에게 처음 이메일을 쓴다면 'Hi ＋ (Mr. 또는 Ms.) 성' 혹은 'Hi ＋ (Mr. 또는 Ms.) 전체 이름'을 쓰는 게 일반적이다. 상대방이 특별히 높은 직위의 사람이라면 'Hi ＋공식 직함＋ (Mr. 또는 Ms.) 성'을 쓰기도 한다.

- Hi Mr. White,
- Hi Mr. Walter White,
- Hi Director Walter White,

■ Dear + 이름,

'Hi'와 함께 무난한 방식으로 꼽히지만, 원어민 입장에서 보면 'Dear'로 시작하는 이메일은 좀 구식(old-fashioned)으로 받아들일 수 있다. 어떤 원어민은 잘모르는 사람이 'Dear'로 시작하는 이메일을 보내오면 약간 부담스럽다는 느낌도 받는다고 말한다.

이 방식은 비영어권 사람들이 영어 이메일을 쓸 때 가장 많이 사용한다. 비영어권 사람들은 이메일을 쓸 때 'Hi'라고 시작하는 것이 다소 무례하게 생각되어 'Dear'를 많이 사용하는데, 어느 쪽이든 큰 문제는 없다. 특히 상대방이 직위가 높은 사람일 경우 'Dear' 다음에 직함과 이름을 함께 쓰는 게 좋다. 구직과관련된 이력서 등을 보내는 경우라면 'Dear' 다음에 직함과 이름을 쓰고 그 뒤에 콜론(:)을 쓰는 게 보통이다.

- Dear Susan,
- Dear Mr. Rogers:

■ Dear + 직위,

때로 이메일을 받는 사람의 직위만 쓰는 경우가 있다. 어느 기업의 대표이사와 같이 누구나 다 알 수 있는 상대방에게 이메일을 쓴다면 'Dear + 직위'만으로도 문제가 없다. 다만 이메일을 받는 사람에 따라서는 최소한 상대방의 이름도 파악하지 못해서 성의가 없다는 오해를 받을 수 있기 때문에 직위와 이름을 함께 쓰는 것이 바람직하다.

- Dear Mr. President,
- Dear Mr. Chief Executive Robert Watts,

⊗ 피해야 할 여섯 가지 실수

❶ To whom it may concern,

'관계자에게'라는 뜻으로, 흔히 기관이나 회사의 관련 업무 담당자에게 보내는 편지에 쓰는 문구로 알려져 있다. 하지만 영어 이메일에서는 전혀 바람직하지 않은 표현이다. 받는 사람 입장에서는 '오케이, 나는 관련된 사람이 아니니까 더 이상 읽어볼 필요가 없어!'라고 생각할 수 있다.

특히 이메일을 받는 사람이 누구인지도 모르고 보냈다는 인상을 심어주는 동시에 많은 사람들에게 한꺼번에 보내진 기계적인 이메일로 인식되어 곧바로 휴지통으로 버려질 위험이 크다. 따라서 구직과 관련된 이메일을 보낼 경우에는 무조건 이 문구를 피해야 한다. 구직 등 아주 중요한 이메일을 보내려면 직접 회사에 전화를 하는 등 어떤 수고를 하더라도 최소한 이메일을 보내는 상대방의 이름을 파악하는 것은 기본적인 매너이다.

❷ Dear Ma'am,

이메일을 받는 상대방이 여성일 경우 간혹 이런 표현을 쓰는 사례가 있다. 하지만 원어민 입장에서는 너무 나이든 사람 취급을 받거나 별로 존경하지 않는 듯한 말투로 인식되기 때문에 피하는 것이 좋다.

❸ Dear Sir or Madam,

마찬가지로 너무 격식을 갖춘 표현이다. 이메일을 받는 사람 입장에서는 상대방이 여성인지, 남성인지조차 모르는 상황에서 이메일을 썼다고 오해하기 쉽다. 근거가 있는 이야기인지는 모르겠지만, 어떤 원어민은 'Dear Sir or Madam,'으로 시작하는 이메일은 흔히 뒤에 안 좋은 뉴스나 피해사례 접수 같이 피곤한 내용이 따라올 가능성이 높다고 지적한다.

❹ To + 이름,

영어권에서 흔히 초등학생이나 중학생들이 처음 이메일을 쓸 때 저지르는 실수 유형이다. 받는 사람 입장에서는 이메일을 쓰는 사람이 초등학생 수준의 영어 사용자로 인식할 수 있다. 더 심각한 것은 'Mr.', 'Mrs.', 'Ms.' 다음에 성이 아니라 이름을 쓰는 것인데, 이 역시 이메일 쓰기에 익숙지 않는 초등학생들이 범할 수 있는 흔한 실수이다.

⑤ Mr./Mrs./Ms. + 성,

앞에 'Hi'나 'Dear' 없이 단도직입적으로 'Mr.', 'Mrs.', 'Ms.' 뒤에 성을 붙이는 것은 받는 사람 입장에서는 당혹스럽고 무례하게 보일 수 있다. 흔히 누군가를 꾸짖거나 비난할 때 쓰는 방식이기 때문이다.

⑥ Hey there,

허물없는 친구 사이가 아니라면 비즈니스 이메일에서는 권하고 싶지 않은 표현이다. 사람마다 다르겠지만, 나이가 있는 원어민은 이런 종류의 호칭이 무례한 표현이라고도 말한다. 'Hey there'는 길거리에서 모르는 사람을 부를 때 쓰는 말이다.

⊗ 호칭이 헷갈리는 경우

(tip) **'Ms.'와 'Mrs.' 중 고른다면 무조건 'Ms.'를 써라**

여성의 경우 기혼인 'Mrs.'보다는 항상 미혼인 'Ms.'로 쓰는 게 안전하다. 상대방이 콕 집어서 'Mrs.'로 불러달라고 하기 전까지는 'Ms.'가 실패할 가능성이 없기 때문이다. 상대방이 미혼일 경우 'Mrs.'로 불린다면 기분 나쁠 수 있겠지만, 기혼일 경우 'Ms.'로 불린다고 해서 기분 나쁘지는 않을 것이기 때문이다.

두 사람 (이상)에게 이메일을 보낼 경우

가끔 두 사람 혹은 그 이상 사람들에게 이메일을 보내는 경우가 있다. 한 사람에게 보내고 여러 사람들에게 참조를 거는 것과 달리 두 명 혹은 그 이상에게 인사를 해야 한다면 해당하는 사람의 이름을 모두 써주는 게 좋다. 이메일을 받는 사람들 모두와 친분이 있다면 'Dear Friends' 혹은 'Dear All' 등으로 표현해도 무방하다.

- Dear Mr. Rogers/Ms. Gills,

- Dear All,

- Dear Friends,

- Dear Team,

⊗ 절대 해서는 안 될 끔직한 실수

이메일을 받는 사람의 이름을 틀리게 쓰는 경우는 최악 중 최악이다. 따라서 이메일을 보내기 전에 반드시 받는 사람 이름의 스펠링을 확인하고 또 확인해야 한다. 실수를 피하기 위해서는 다음의 방법을 반복적으로 익히면 좋다.

❶ 이메일을 소리 내어 읽어본다. 어색한 부분이나 문법적 실수가 있다면 발견할 것이다.

❷ 사람 이름과 회사 이름 스펠링은 두세 번씩 확인하는 습관을 갖는다.

❸ 잠시 숨을 돌리고 이메일을 보내기 전에 마지막으로 읽어본다. 쓸 때는 몰랐던 실수를 발견할 수도 있다.

❹ 아주 중요한 이메일이라면 제3자에게 사전에 검토를 부탁하는 것도 좋다.

어떤 인사말로 시작해야 하나?

호칭에 대한 고민이 끝나면 이메일을 어떤 인사말로 시작할지가 또 다른 고민거리다. 사람에 따라서는 단도직입적으로 본론에 들어가는 경우도 있지만, 자동차 보험회사에서 보내는 사고처리 통지처럼 너무 딱딱하고 사무적이라는 인상을 심어줄 수도 있으므로 가벼운 인사말로 시작하는 게 바람직하다.

■ Hope this email finds you well.

영어 이메일에서 한때 흔하게 쓰이던 인사말이다. 직역하면 '당신이 이 이메일을 잘 받았으면 좋겠다.'는 뜻인데, 그냥 '별일 없으시죠?' 정도로 해석해도 좋다.

'Hope this email finds you well' 혹은 'I hope this finds you well' 식으로 많이 쓰는데, 요즘에는 이런 인사말을 피하는 추세다. 너무 고전적이고 상투적으로 들린다는 이유 때문이다. 특히 처음 이메일을 보내는 경우 사람에 따라서는 '우리 서로 잘 모르지만 잘 지내시냐?'로 받아들일 수도 있다.

■ I hope you're doing well.

인사말로 좋은 표현이다. '잘 지내시죠?'라는 뜻으로, 친근한 말이다. 가족의 안부를 함께 묻는 것도 친근함을 부각시킬 수 있어서 좋다. 비슷한 표현으로는 다음과 같은 것들이 있다.

- I hope you are enjoying the fall season.
  가을을 만끽하고 계실 줄 압니다.

- I hope all is well.
  모든 일이 잘 진행되기를 바랍니다.

- I hope you had a great week.
  지난 주말 잘 보내셨기를 바랍니다.

- I hope this email finds you and your family in good health.
  귀하와 귀하의 가족 모두가 건강하게 지내시기를 바랍니다.

■ I hope you had a great weekend.

'주말 잘 보내셨기를 바랍니다.'의 의미로, 이미 알거나 어느 정도 친분이 있는 사이에서 쓰는 인사말이다. 비슷한 표현으로는 'I hope you're having a wonderful day.'(좋은 하루 보내고 계시죠?) 'Hope you're having a great week.'(좋은 한주 보내시길 바랍니다.) 등이 있다.

과거에는 처음 이메일을 보내는 경우 이런 표현을 권하지 않았다. 잘 알지도 못하는 사람이 갑자기 친절하게 다가오는 것과 비슷해 경우에 따라서는 상대방이 부담스럽게 받아들일 수 있기 때문이다. 하지만 요즘에는 친근감을 나타내는 표현이 더 효과가 있다는 연구 결과가 많이 나오면서 좀 더 과감한 표현을 쓰는 비즈니스맨들이 늘어나고 있다.

비슷한 표현으로는 다음과 같은 것들이 있다.

- How are things in Berlin? I hope you're keeping cool during the heat wave.

  베를린은 어때요? 폭염에도 시원하게 지내길 바랍니다.

- Hope your summer's off to a great start. Is it vacation time yet?

  여름에 좋은 출발을 할 바랍니다. 아직 방학은 시작 안 했나요?

- Hi, it's Friday! I hope you have some exciting plans for the weekend.

  안녕하세요, 금요일입니다! 주말에 신나는 계획들이 있기를 바랍니다.

- I trust you are doing well and enjoying the festive season.

  잘 지내고 있고 축제 시즌을 즐기고 있다고 믿습니다.

- I trust you are enjoying the holiday season with your loved ones.

  사랑하는 사람들과 함께 휴가철을 즐기고 있을 거라 믿습니다.

■ Good Morning/Good Afternoon/Good Evening

영미권에서 많이 쓰는 표현은 아니지만 시작하는 인사말로 무난하다. 이메일을 받는 상대방의 시간대(아침, 점심, 저녁 등)를 알 수 있다면 써도 좋은 표현이다. 다만 이메일에서 이런 표현을 쓸 때는 반드시 'Good Morning', 'Good Afternoon'처럼 대문자로 써야 한다는 것에 주의한다. 친근함을 표시하는 경우 인사말 다음에 바로 받는 사람의 이름을 써서 'Good Evening, Alice.' 등으로 표현하는 것도 괜찮다.

▪ Greetings from~/Greetings to you

기관이나 조직을 대표해서 이메일을 보낼 때 많이 쓰는 표현이다. 'Greetings'는 직역하면 '인사드립니다.'라는 뜻이다. 기관이나 자신이 속한 조직을 대표해서 인사할 때 쓰이는데, 때로는 두 사람 이상의 이름을 써도 괜찮다.

- Greetings from the President of Samsung Electronics!
  안녕하세요, 삼성전자 사장입니다.

- Greetings from all of us at LG.
  안녕하세요, LG 구성원들이 인사드립니다.

- Greetings from the Kim family.
  김 씨 가족이 안부 인사드립니다.

- Holiday greetings to you and your coworkers!
  귀하와 귀하의 동료들에게 명절을 맞아 인사드립니다.

- Seasons greetings from us at Hyundai Motors.
  현대자동차에서 연말연시를 맞아 인사드립니다.

▪ I know you're swamped, so I'll be brief.

'지금 정신없으시죠? 짧게 말씀드리겠습니다.' 이메일을 짧게 용건만 간단히 쓰려고 할 때 좋은 표현이다. 직역하면 '일 때문에 정신없을 줄 압니다. 간단히 말씀드릴게요.'로 해석할 수 있다. 영어에도 바쁜 상황임을 과장해서 쓰는 경우가 많은데, 이메일에서도 이런 표현을 종종 사용하고 있다.

EXAMPLE

● I imagine you are very busy these days, but …
요즘 정신없으실 것으로 생각합니다만.

● I know you are very busy and I truly appreciate your time, but …
정신없으실 텐데 시간 내주셔서 대단히 감사합니다만.

● I am aware that you are busy, so I will make it short.
바쁘신 것 같아서 짧게 말씀드리겠습니다.

● I know you are slammed with work, but …
일에 치여 정신없으실 것으로 압니다만.

● I understand that you've got a lot on your plate at the moment, but …
지금 할 일이 산더미 같은 것으로 이해합니다만.

> (tip) **그 밖의 유용한 표현**
>
> 그 밖에 간단한 인사말로 쓸 수 있는 표현으로는 'Best wishes to you and your family.', 'I send you and your esteemed colleagues my warm wishes.', 'It is a pleasure to be in touch with you again.' 등이 있다.

● We send you our best wishes.
귀하의 행운을 빕니다.

● I send you and your family my warm wishes.
귀하와 귀하의 가족들에게 따뜻한 행운을 빕니다.

● I hope you enjoyed your trip to Europe.
유럽여행은 즐거웠기를 바랍니다.

- Welcome back to work! I hope you had a wonderful vacation.

  사무실에 다시 복귀한 것을 환영합니다! 좋은 휴가를 보내고 왔기를 바랍니다.

- I hope you are reenergized after some rest and relaxation away from the office.

  사무실을 떠나 휴식과 여유를 즐기고 충전의 시간을 가졌기를 바랍니다.

 tip 개인적 친밀감을 느낄 수 있는 인사말 표현

- Congratulations on your 10th Anniversary.

  결혼 10주년을 축하합니다.

- I loved your recent photos that you updated to (your SNS).

  SNS에 새로 올린 사진이 아주 마음에 듭니다.

- Hope you're surviving another workweek.

  힘든 한 주를 잘 버티셨기를 바랍니다.

- I hope you've had your morning coffee.

  모닝 커피를 마셨습니까?

- I hope you enjoyed your weekend.

  주말을 잘 보내셨나요?

마무리와 사인오프

이메일을 모두 쓴 후 마무리와 사인오프를 붙이는 것은 기계적으로 따라붙는 공식으로 이해해도 무리가 없다.

■ 마무리(closing remarks)

마무리는 앞에서 작성한 본문의 내용과 관련해서 감사의 뜻을 표현하거나 상대방에게 어떤 행동을 기대하는 문장을 쓰는 게 보통이다.

- Thank you for your kind consideration.
  친절한 검토에 감사드립니다.

- If I can be of assistance, please do not hesitate to contact me.
  어떤 도움이라도 필요하시면 언제든지 연락 주시기 바랍니다.

- Should you need any further information, please do not hesitate to contact me.
  추가 정보가 필요하시면 언제든지 연락 주시기 바랍니다.

- Please feel free to contact me if you have further questions/any further information.
  문의 사항이 있으시면/추가 정보가 필요하시면 언제든지 연락 주시기 바랍니다.

- Please contact me at [phone] or [email] if I may be of further assistance.

  도움이 필요하시다면, 전화 혹은 이메일로 연락 주시기 바랍니다.

- I look forward to hearing from you soon.

  빠른 답장을 기다리겠습니다.

- Let me know if you need anything else.

  혹시 필요하신 게 있으면 알려주시기 바랍니다.

■ 사인오프(sign-off)

- Best regards, 안부를 전하며
- Best wishes, 행운을 빌며
- Kind regards, 안부를 전하며
- Respectfully, 정중함을 담아
- Sincerely, 진심으로
- Yours sincerely, 당신의 벗으로부터
- Yours truly, 당신의 벗으로부터
- Warm regards, 따뜻한 안부를 전하며
- Warmest regards, 진심 따뜻한 안부를 전하며
- With appreciation, 감사하며
- With gratitude, 감사하며

⊙ Best regards

비즈니스 이메일에서 가장 많이 볼 수 있는 'Best regards'는 말 그대로 상대방에게 안부를 전하는 말이다. 흔히 누구누구에게 안부를 전해달라는 뜻으로 'Give someone my best regards', 'Give my best regards to someone'이라는 말을 쓰는데, 이것을 이메일에서는 줄여서 'Best regards'라고 쓰고 있다. 격식을 갖춘 이메일이나 친한 친구 모두에게 가장 보편적으로 쓰는 표현이다. 간혹 줄여서 'Best' 혹은 'Regards'라고도 쓰지만, 예의를 갖춘다면 'Best regards'를 모두 쓰는 게 좋다. 그리고 'Best regards'를 비롯해서 모든 마무리 인사말 다음에는 반드시 쉼표(,)를 써야 한다.

⊙ Kind regards

이 표현은 이메일을 받는 상대방에게 계약서 서명 등 무엇인가 정중하게 해달라고 요구할 때 쓰인다. 'Best regards'보다는 더 예의를 갖춰 마무리 인사말을 하는 형식이다. 따라서 매우 격식을 갖춰 써야 하는 이메일에 잘 어울린다. 다만 'Kind regards'를 모든 이메일마다 쓴다면 상대방은 당신을 매우 고지식하고 딱딱한 사람으로 받아들일 수 있으므로 주의한다.

⊙ Best wishes

'Best regards'와 함께 많이 쓰이는 표현이다. 'Best wishes'는 말 그대로 상대방에게 건강, 행운, 행복 등을 기원하는 일상적인 말이다. 격식을 갖춘 이메일이나 그렇지 않은 이메일에서 모두 쓸 수 있는 표현이다. 하지만 부고 등 슬픈 소식에 대한 이메일 답장이나 안 좋은 소식을 전하는 이메일에는 이 표현을 쓰는 것이 매우 부적절하다.

⊙ Warm regards

앞에서 예로 든 비즈니스 상대방과 관련된 부고 등 슬픈 소식에 대한 답변에 가장 알맞은 마무리 인사말이다. 'Warm regards'는 말 그대로 불행한 소식을 접했을 때 상대방에게 위로와 따뜻한 마음을 전하는 표현이다. 'Warm'이라는 단어에는 위로와 위안의 뜻도 담겨있기 때문이다. 'Warmest regards'는 좀 더 격식을 차려서 마음을 전하는 표현이다.

⊙ Sincerely yours

'Sincerely'라는 단어는 진실한 감정이나 신념을 뜻한다. 오랜 기간 이메일이나 편지 등에서 사용되어온 표현으로, 'Sincerely yours'는 '당신의 벗으로부터' 혹은 '당신의 친구가' 등으로 해석할 수 있다. 비슷한 표현으로는 'Yours truly', 'Cordially', 'Yours respectfully', 'Yours always' 등이 있다.

(tip) Sincerely yours vs. Yours sincerely

두 표현 간에 실질적인 차이는 없다. 다만 'Sincerely yours'는 미국인들이, 'Yours sincerely'는 영국인들이 즐겨 쓰는 방식이다. 현대 미국 사회에서는 'Sincerely yours'보다 'Yours'를 생략한 채 'Sincerely'로 줄여 쓰는 경우가 더 많다.

Sincerely를 쓰기 위한 조건

'(Yours) Sincerely'를 아무 때나 사용해서는 안 된다. 특히 격식을 따지는 영국 영어에서 'Sincerely'를 쓰기 위해서는 (1) 이메일 서두에 반드시 상대방의 이름을 써야 하고, (2) 이메

일을 받는 상대방과 약간의 친분이 있어야 한다.

영국인들은 이메일 영어에서 'S and S never go together'라는 표현을 쓰는데, 첫 번째 S는 'Sir'를, 두 번째 S는 'Sincerely'를 의미한다. 또한 일면식도 없는 상황에서 상대방 이메일 끝에 '(Yours) Sincerely'를 쓰는 것에 대해서도 거부감을 느끼는 사람들이 있다. 이 경우 '(Yours) Sincerely'보다는 '(Yours) Faithfully'라는 표현이 더 좋다.

◉ Respectfully (yours)

이메일에서 'Respectfully'를 쓰는 경우는 상대방이 자신보다 높은 위치에 있을 때 존경의 의미이거나 자신을 낮추는 방식(경험, 지식 등에 대해)을 담기 위한 것이다.

◉ With gratitude/appreciation

'With gratitude' 혹은 'With appreciation'은 상대방의 행동이나 생각, 피드백 등에 대해 감사의 뜻을 전할 때 쓰는 표현이다. 간단히 'Thanks'라고 할 수도 있지만, 상대방에게 보다 격식을 차려 감사의 뜻을 전할 때 많이 사용한다.

 직장 동료나 친한 비즈니스 파트너에게 쓸 수 있는 가벼운 사인오프

- **All the best,** 모든 것이 잘 되기를
- **Cheers,** 건배
- **Many thanks,** 정말 고마워
- **Take care,** 몸조심해
- **Warmly,** 따뜻하게

All the best

‘All the best’는 ‘Best regards’ 혹은 ‘Best wishes’와 비슷한 의미로, 이메일 마무리 인사말로 많이 쓰인다. 다만 ‘All the best’는 상대방과 어느 정도 친분이 있어 가볍게 이메일을 끝내고자 할 때 사용하고, 격식을 차려야 할 상대방에게는 쓰지 않는 것이 좋다. 특히 좋지 않은 소식에 대한 이메일 답장에서는 매우 부적절하다.

Cheers

‘Cheers’는 영국 영어, 호주 영어에서 가볍게 쓰이는 말로 알려져 있지만, 미국인들 중에 이런 표현을 쓰는 경우는 거의 없다. 글자 그대로 해석하면 다음에 ‘술 한잔합시다.’라고 해석할 수 있다. 다만 상대방이 술을 싫어하거나 이런 표현 자체를 싫어할 수 있으므로 권유하고 싶은 표현은 아니다.

Many thanks

상대방이 어떤 일에 대해 자신의 시간 혹은 노력 등을 보여줬을 때 이메일 마지막에 감사의 뜻으로 쓰이는 표현이다. ‘Thanks’는 너무 가볍게 보이고 ‘Many thanks’ 혹은 ‘Thank you so much’ 등을 더 많이 사용한다.

Warmly

상대방이 자신과 비슷한 직책에 있거나 친분이 두터울 경우에 쓸 수 있는 표현이다.

Take care

개인적으로 상대방이 친한 관계에 있을 경우에 가볍게 쓸 수 있는 표현이다. '몸조심해' 정도로 해석하면 된다.

 기타 상황별 사인오프

상대방의 답변을 원하거나 부탁하는 경우

- Thanks in advance for your time.
  시간을 할애해 주시는 데 대해 미리 감사드립니다.

- I appreciate your help.
  도움을 주신 데 대해 감사드립니다.

- Looking forward to your reply.
  답장을 기다리겠습니다.

- Thanks! Please let me know if there are any hold-ups.
  감사합니다! 혹시 문제가 생기면 알려주시기 바랍니다.

- Enjoy your weekend.
  주말 잘 보내세요.

- Thank you for your time and effort.
  시간과 노고에 감사드립니다.

미팅/전화 통화 등을 예상하는 경우

- Speak with you soon.
  조만간 통화했으면 합니다.

- Look forward to continuing our discussion soon.

  조만간 논의를 계속했으면 합니다.

- Looking forward to our Zoom meeting tomorrow.

  내일로 예정된 Zoom 미팅이 기다려집니다.

- Talk to you on the conference call later this week.

  이번 주말로 예정된 전화 회의에서 말씀 나누기를 기대합니다.

- That date and time works perfectly. See you soon.

  날짜와 시간 모두 완벽하게 좋아보입니다. 조만간 뵙겠습니다.

업무에 대한 업데이트 혹은 필요한 정보를 제공했을 경우

- Hope this information is helpful. Contact me if you have any questions.

  이 정보가 유용하기를 바랍니다. 문의 사항이 있으면 연락 주시기 바랍니다.

- I will contact you soon with more updates.

  새로운 정보가 있으면 다시 연락드리겠습니다.

- That's all for now. Let me know if you need more information.

  현재로서는 이게 전부입니다. 정보가 더 필요하면 연락 주시기 바랍니다.

- Happy to help if you want to know more.

  더 알고 싶은 게 있으면 언제든지 연락 주시기 바랍니다.

- Let me know if you have any questions.

  질문이 있으면 언제든지 알려주세요.

공동 업무/협업 등을 마무리할 때(동료 혹은 협력업체인 경우)

- It was great working with you.

  함께 일할 수 있어 영광입니다.

- Thank you for your hard work.

  귀하의 노고에 감사드립니다.

- I appreciate your time and effort.

  시간과 노고에 감사드립니다.

- Congrats on a job well done.

  일이 잘 되어 축하합니다.

- It was a pleasure working with you.

  함께 일해서 즐거웠습니다.

＊명절 인사/쾌유 기원/위로 및 애도 등에 적합한 사인오프는 제2장 '소셜 이메일'을 참고한다.

전자서명 형식, 이메일 약자, 글꼴과 폰트 크기

■ 보내는 이의 전자서명 형식

사인오프까지 끝냈다면 사실상 모든 이메일이 마무리된다. 이메일의 마지막에는 전자서명이 필요한데, 여기에는 보내는 이의 이름과 직책, 회사 이름, 연락처 등이 포함돼야 한다. 연락처는 전화번호, 이메일, 링크드인(Linkedin) URL 등이 주로 포함된다.

- Full name 이름
- Title 직책
- Company 회사 이름
- Phone number 전화번호
- Email address 이메일 주소
- Linkedin URL or company's web page 링크드인 주소/회사 웹페이지

 알면 유용한 이메일 약자(단, 싫어하는 사람도 많다는 것에 유의)

이메일을 쓰다 보면 약자를 쓰는 경우가 있다. 약자는 편리하지만, 약자를 쓰는 것에 대해 거부감을 느끼는 비지니스맨도 있으므로 이메일을 받는 상대방의 직책과 취향 등을 사전에 파악하고 쓰는 것이 안전하다.

ASAP – As Soon As Possible 가능한 최대한 빨리	NSFW – Not Safe For Work 직장 내 부적절한(메일, 웹페이지 등)

BCC – Blind Carbon Copy 비밀 참조	NWR – Not Work Related 업무와 무관한
BTW – By The Way 그건 그렇고요, 그런데 말이죠	OOO – Out Of the Office 부재중
CC – Carbon Copy 참조	PFA – Please Find Attachment 첨부 파일 참조
COB – Close Of Business (day) 업무 종료	PRB – Please Reply By 회신 요망
EOD – End Of Day 일과 종료	PS – PostScript 추신
EOW – End Of Week 이번 주말	PSA – Please See Attachment 첨부 파일 참조
FWIW – For What It's Worth 내 생각이지만(진위에 자신이 없을 때)	PYR – Per Your Request 요청에 따라
HTH – Hope That Helps 도움이 되기를	RB – Reply By 회신 바람
IMO – In My Opinion 내 생각에는	RLB – Read Later(If Busy) 나중에 읽기
LET – Leaving Early Today 조기 퇴근(조퇴)	RSVP – Répondez S'il Vous Plaît (Please respond as soon as possible) 회신 바람(프랑스어)
LMK – Let Me Know 알려주기 바람	SFW – Safe For Work 안전한 작업 환경
LSFW – Less Safe For Work 별로 안전하지 않은 작업 환경	TLTR – Too Long To Read 읽기에 너무 김

MIA – Missing In Action 자리비움	TYT – Take Your Time 신중하게
NBD – Next Business Day (또는 No Big Deal) 다음 영업일(혹은 별일 아님)	WFH – Working From Home 재택근무
NNTR – No Need To Respond 답장 필요 없음	Y/N – Yes or No 예 혹은 아니요
NRN – No Reply Necessary 회신할 필요 없음	YTD – Year To Date 올 초부터 현재까지

■ 읽기 쉬운 이메일 글꼴과 폰트 크기

글꼴

사인오프까지 끝냈다면 사실상 모든 이메일이 마무리된 것이다. 이메일 마지막에는 전자서명이 필요한데, 여기에는 보내는 이의 이름과 직책, 회사 이름, 연락처 등이 포함돼야 한다. 연락처는 전화번호, 이메일, 링크드인(Linkedin) URL 등이 주로 포함된다.

폰트 크기

폰트 크기는 10포인트에서 12포인트 사이가 가장 읽기 편하다. 너무 작아도 읽기 불편하고 너무 커도 어색하다. 이메일 분량은 한 페이지가 가장 좋으므로 담아야 할 내용이 많으면 폰트 크기를 약간씩 줄여서 한 페이지가 넘지 않도록 한다.

부재중 자동 응답 메시지

■ 부재중 메시지

휴가나 출장, 병가 등으로 이메일을 일일이 확인하기 어렵거나 답장을 하기 힘들 때 일반적으로 이메일을 보낸 상대방에게 부재중 자동 응답 메시지를 설정한다. 부재중 자동 응답 메시지는 부재 기간을 간단히 밝히고, 언제쯤 사무실로 복귀하는지, 복귀 후에 이메일에 대해 회신을 하겠다는 내용 등을 포함해야 한다.

 부재중 자동 회신 메시지 형식은 인사말과 함께 메일을 보내준 데 대해 감사의 뜻을 표시하고, 부재중 이메일을 확인하거나 답장을 하기 어렵다는 점을 밝힌다. 부재 기간에 대해 부연해서 알려주는 것이 좋고 사무실에 복귀한 후 답장을 하겠다는 내용 등이 들어가야 한다. 또한 사안이 아주 급박한 경우 자신을 대신한 특정인에게 전화 혹은 이메일을 보내줄 것을 언급하는 게 바람직하다.

- Thank you for your email. I will be out of the office from July 4 to July 15 and will not have access to email.
  이메일 감사합니다. 7월 4일부터 15일까지 사무실에 없을 것이고 이 기간에는 이메일을 받지 못할 것입니다.

- Thanks for your email. I'm currently out of town until September 2 and will have limited access to email.
  이메일 감사합니다. 9월 2일까지 출장 중이어서 이메일 접속이 어려울 것 같습니다.

- Thanks for your email. I am out of the office right now and will not return until July 4.

  메일 감사합니다. 현재 부재중이고 7월 4일에 출근합니다.

- I will do my best to respond promptly to your email when I return on April 3.

  4월 3일 복귀할 때까지 이메일에 신속히 답장할 수 있도록 최선을 다하겠습니다.

- I will be back in the office on May 4, if this is urgent, please contact me at [phone].

  5월 4일에 사무실로 복귀할 예정입니다. 급한 일이면 [전화]로 연락 주십시오.

- If your question can wait, I'll be responding to the emails I missed when I return on July 10. If not, contact [name] at [email] or [phone] and she/he will take care of you.

  급하지 않으면 7월 10일 업무 복귀 후 이메일에 답하겠습니다. 긴급한 내용이라면 [이메일] 또는 [전화]로 [이름]에게 연락 주시면 답변해 줄 것입니다.

- If you need immediate assistance, please contact my coworker [name] at [email] or [phone].

  즉시 도움이 필요하면 제 동료[이름]의 [이메일] 또는 [전화]로 문의하십시오.

✉ 부재중 자동 메시지 ①

Hello,

Thank you for your email. Due to a business trip, I will be out of the office starting [start date] through [return date].

If you need immediate assistance during my absence, please contact Ms. Amy Lee at [email] or [phone]. Otherwise, I will respond to your emails as soon as possible upon my return.

Warm regards,

[Your name]

이메일 감사합니다. 현재 출장으로 인해 [시작일]부터 [마감일]까지 부재중입니다. 혹시 부재중 즉시 도움이 필요하면 [이메일]이나 [전화]로 에이미 리 씨에게 연락하십시오. 그렇지 않으면 제가 사무실에 복귀하는 대로 최대한 빨리 이메일에 답장을 보내겠습니다.

✉ 부재중 자동 메시지 ②

Hi,

Thanks for your email. I will be out of the office from [start date] to [return date] and will not have access to email. I will respond to your email when I return on [return date]. If this is urgent, please contact my colleague, Mr. James Kim at [email] or [phone] and he will take care of you.

Best regards,

[Your name]

이메일 감사합니다. [시작일]부터 [종료일]까지 사무실에 없을 것이며, 이 기간중 이메일에 접속할 수 없을 것입니다. [회신일]에 돌아오면 이메일에 답장 드리겠습니다. 급한 일이면 [이메일]이나 [전화]로 제 동료인 제임스 김 씨에게 연락하시기 바랍니다. 그가 문제를 해결해 줄 겁니다.

영국/호주 영어 vs 미국 영어의 차이

■ **미국식 vs 영국식 날짜 표기 방법**

영어에서 날짜를 표기하는 방법은 미국과 영국/호주가 약간 다르다. 미국은 월과 일 다음에 쉼표(,)를 넣은 후 연도 순서로 쓰고, 영국과 호주는 일과 월, 그리고 연도 순서로 쓴다. 어느 쪽이든 상관없지만, 일관성 있게 쓰는 게 좋다. 슬래시(/)를 쓸 경우에도 미국식은 월/일/연도 순서로, 영국식·호주식은 일/월/연도 순서로 쓴다. 다만 어느 쪽이든 연도는 네 자리를 모두 쓴다는 점에 유의해야 한다.

American English

- October 9, 2021
- October ninth, 2021
- Sunday, October 9, 2021
- 10/09/2021

British/Australian English

- 9 October 2021
- 9th October 2021
- Sunday the 9th of October 2021
- 09/10/2021

■ 미국 영어 vs 영국 영어의 스펠링 차이

이메일 영어에서 많이 쓰는 표현 중 '사과하다(apologize)'라는 단어가 있다. 이것을 미국은 apologize로 표기하는 반면, 영국/호주는 apologize와 함께 apologise로도 표기한다. 미국식 영어에 익숙하다면 apologise의 스펠링이 틀린 것으로 오해할 수 있지만, 영국과 호주에서는 apologize와 apologise가 모두 맞는 스펠링이다.

마찬가지로 organize와 recognize도 미국에서는 모두 'z'를 쓰지만, 영국과 호주에서는 'z'와 함께 's'도 용인되어 organize/organise, recognize/recognise도 모두 가능하다. ~log로 끝나는 단어의 경우 미국은 ~log와 ~logue 모두 용인하지만, 영국과 호주에서는 ~logue로만 표기한다. 다만 둘 다를 혼용하지 말고 어느 한쪽을 선택하여 일관성 있게 써야 한다.

미국 영어와 영국/호주 영어에서 스펠링이 다른 경우는 다음과 같다.

미국 영어	영국/호주 영어	미국 영어	영국/호주 영어
actualize	actualise	flavor	flavour
analyze	analyse	humor	humour
apologize	apologise	inquire	enquire/inquire(formal)
behavior	behaviour	labor	labour
canceled	cancelled	license	licence
categorize	categorise	neighbor	neighbour
center	centre	organization	organisation
color	colour	program	programme
decentralize	decentralise	recognize	recognise
emphasize	emphasise	traveled	travelled

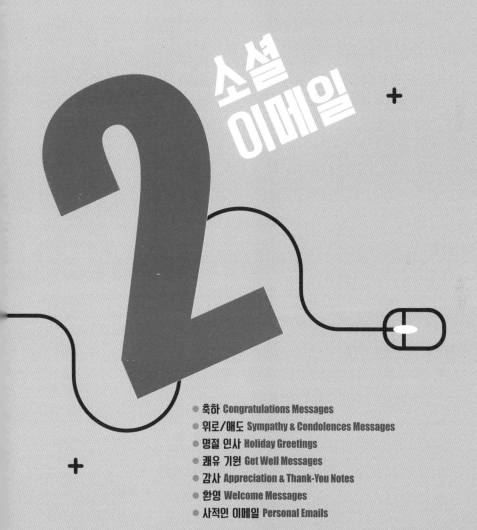

2 소셜 이메일

- 축하 Congratulations Messages
- 위로/애도 Sympathy & Condolences Messages
- 명절 인사 Holiday Greetings
- 쾌유 기원 Get Well Messages
- 감사 Appreciation & Thank-You Notes
- 환영 Welcome Messages
- 사적인 이메일 Personal Emails

축하 Congratulations Messages

비즈니스를 하다 보면 직장 내에서 혹은 거래 상대방에게 축하할 일이 생긴다. 수상, 승진, 좋은 조건의 이직, 새로운 보직, 사업 확장, 개업, 계약 성사, 출판 과 같은 업무적인 것 외에도 결혼, 자녀 출산, 이사, 결혼기념일과 같은 개인적인 일상사에 대해 축하해야 할 경우가 있다.

축하할 일이 생기면 즉시 축하 이메일을 보내는 것이 좋다. 만약 경사스러운 소식을 듣고도 타이밍을 놓쳤다면 나중에라도 이메일을 보내는 것이 안 보내는 것보다 낫고, 그럴 경우 왜 축하가 늦었는지 해명하는 것이 바람직하다.

⊙ 축하 이메일 대상

- Promotion/Positive work performance 승진/성과
- New position/job 새로운 보직/이직
- Starting a new business/Business success 사업 시작/사업적 성공
- Winning a contract bid 계약 체결
- Receiving a prize/award 수상
- Marriage/Graduation 결혼/졸업
- Birthday/Anniversary 생일/기념일
- Child birth/Adoption 출산/입양

⊙ 작성 요령

① 축하해야 할 일이 있다면 바로 이메일을 보낸다.

② 타이밍을 놓쳐 늦게 보낸다면 늦게 보내게 된 이유를 간략히 설명한다.

③ 축하한다는 문장을 가장 먼저 언급한다.

④ 축하는 세 문장에서 여섯 문장 이내로 가급적 짧게 한다.

⊙ 내용 구성

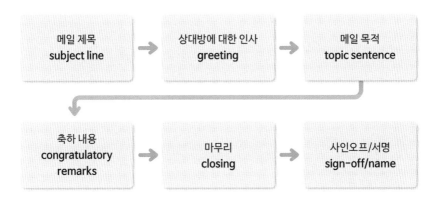

| 메일 제목 subject line | → | 상대방에 대한 인사 greeting | → | 메일 목적 topic sentence |

| 축하 내용 congratulatory remarks | → | 마무리 closing | → | 사인오프/서명 sign-off/name |

⊙ 많이 쓰는 단어

admire	compliment	effort	honor	outstanding
appreciate	congratulate	excellent	inspiring	performance
asset	contribution	exciting	invaluable	proud
celebration	dedicated	gratifying	meaningful	success
cheer	delighted	happy	memorable	thrilled

⊚ 많이 쓰는 표현

● I am/We're thrilled to hear about …
소식을 듣게 되어 대단히 기쁩니다.

● Our sincere wishes for your continued success with …
계속 성공하기를 바랍니다.

● Best of luck, wish you nothing but the best …
최고의 행운이 이어지기를 기원합니다.

● Good news travels fast! Congratulations …
좋은 뉴스는 빨리 퍼집니다. 축하합니다.

● I have nothing but admiration for …
존경스럽다는 말밖에 나오지 않습니다.

● Thank you for joining with us in celebration …
함께 축하해 주어서 감사합니다.

⊚ 이메일 제목

● Subject: Congratulations on Your Promotion/Award!
제목: 승진/수상 축하!

● Subject: Congratulations on Your New Job/Moving to a New Company!
제목: 새 직책/이직 축하!

● Subject: Congratulations on Company's Twenty-Fifth Anniversary!
제목: 회사 25주년 설립 기념

✉ 승진

Subject: Congratulations on Your Promotion!

Dear [name],

I am thrilled to hear about your promotion to marketing senior manager. Congratulations! You have done a fine job and deserve the recognition and responsibility of the new position. Best wishes for continued success.

Sincerely yours,

[Your name]

마케팅 수석 매니저로 승진했다는 소식을 듣게 되어 매우 기쁩니다. 축하합니다! 당신은 훌륭한 일을 했고, 새로운 직책을 부여받았으며, 더 큰 책임을 맡을 자격이 충분하다고 생각합니다. 계속 성공하기를 기원합니다.

✉ 이직

Subject: Congratulations on Moving to a New Company!

Dear [name],

Good news travels fast. Congratulations on moving to [new company name]. I hope we will enjoy many more years of doing business together.

Best regards,

[Your name]

좋은 소식은 빠르게 퍼집니다. [새 직장명]으로 옮긴 것을 축하합니다. 앞으로도 좋은 비즈니스 관계가 이어지기를 기대합니다.

✉ 회사 기념일

Subject: Congratulations on your Company's Twenty – Fifth Anniversary!

Hi [name],

Just a note to congratulate you on your company's twenty – fifth anniversary. You can be very proud of the growth you have achieved over these years. It has been a pleasure to be associated with you. **Our sincere wishes for your continued success** for your business in the coming years.

Sincerely,

[Your name]

회사 창립 25주년을 축하합니다. 지난 25년간 달성한 성장을 매우 자랑스러워할 것으로 생각합니다. 귀하와 인연을 맺게 되어 기쁩니다. 앞으로도 귀하의 사업이 계속 성공하기를 진심으로 기원합니다.

위로/애도 **Sympathy & Condolences Messages**

　사람이 살아가면서 좋은 일만 생길 수는 없다. 병에 걸려 고생을 하거나 가족을 잃는 등 원치 않는 비극을 피할 수 없다. 사업적으로도 큰 재정적 손실을 입거나 승진에서 누락되어 실의에 빠질 수 있다. 만약 직장 내 동료와 상사, 비즈니스 상대방에게 이런 불행한 일이 생긴다면 위로와 애도의 뜻을 전하는 게 인지상정이다.

애도 이메일 대상

- Death of a family member 가족 사망
- Death of an employee/employer 조직 구성원 사망
- Illness 질병
- Not getting a promotion 승진 실패
- Accident 사고
- Misfortune: financial loss/loss of job 불운: 재정손실/실직
- Nature disaster: flood/hurricane 자연재해: 홍수/태풍

📍 작성 요령

❶ 얼굴을 보고 말을 하는 것처럼 진심을 담아서 위로한다.

❷ 사망자의 이름(혹은 상대방과의 관계)과 특별한 추억을 언급한다.

❸ 짧고 간결하게 마음을 전하는 게 중요하다.

❹ 위로/애도의 뜻을 다시 언급하고 상대방과 슬픔을 함께함을 강조하면서 마무리한다.

📍 내용 구성

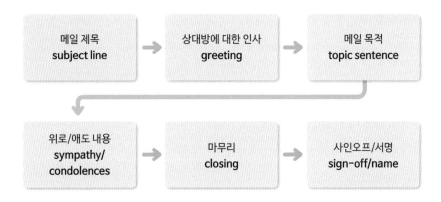

📍 많이 쓰는 단어

affection	grief	regret	sorry
bereavement	heartbroken	remember	suffering
consolation	mourn	saddened	sympathy
difficult	ordeal	shocked	touched
distress	overcome	sorrow	trouble

🔷 많이 쓰는 표현

- I would like to express my deepest sympathy as you remember [someone's name].

  귀하가 [이름]을 그리워하는 것처럼 저 역시 깊은 애도를 표하고자 합니다.

- We are so sorry to hear about the loss of …

  우리는 ~의 사망에 대해 매우 깊은 유감의 뜻을 전하려고 합니다.

- I was saddened to hear that …

  ~ 소식을 듣고 큰 슬픔을 느꼈습니다.

- My thoughts are with you and your family.

  귀하와 귀하의 가족과 함께 이 슬픔을 나누고자 합니다.

- We are missing [person's name] along with you.

  귀하와 마찬가지로 우리 역시 [이름]을 그리워할 것입니다.

- Keeping you and your family in our thoughts and prayers.

  귀하와 귀하의 가족을 생각하며 기도합니다.

- Holding you close in my thoughts.

  제 마음속 깊이 귀하를 생각합니다.

- My heart goes out to you.

  제 마음이 당신을 향하고 있음을 아셨으면 합니다.

- In your time of great sorrow/grief …

  큰 슬픔/고통의 시간 속에서~

- We all share in your grief at this time.

  이 어려운 시기에 당신과 슬픔을 나누고자 합니다.

📍 종교적 애도 Religious Condolence Messages

- God sees and knows everything. He is with you right now.
  하나님은 모든 것을 보고 아시고 계십니다. 그분께서는 지금 당신과 함께 합니다.

- May fond memories of your [mother, father, brother, etc.] bring you comfort during this hard time in your life. My heart and prayers go out to you and your family.
  [어머니, 아버지, 형제 등]에 대한 즐거운 추억이 인생의 이 힘든 시간 동안 당신에게 위안을 가져다 줄 수 있기를 기원합니다. 귀하와 귀하의 가족을 위해 기도하겠습니다.

- The loss of your [mother, father, brother, etc.] deeply saddens me. [She/He] will be truly missed, and I will include [name] in my daily prayers.
  [어머니, 아버지, 형제 등]을 잃은 데 대해 진심으로 함께 슬픔을 나누고자 합니다. 그를/그녀를 향한 그리움은 계속될 것이며, 저 역시 매일의 기도에 [이름]을 포함시킬 것입니다.

- I offer you my thoughts, prayers and well-wishes during this dark time in your life.
  인생의 힘든 시기를 겪고 있을 당신에게 제 생각, 기도, 기원을 바치고자 합니다.

- Please accept my deepest condolences and know that God loves you and can restore your spirits, give you peace, and strengthen you.
  깊은 애도를 드립니다. 그리고 하나님께서는 당신을 사랑하고, 영혼을 회복시키며, 평화와 함께 더 강인함을 주실 것임을 확신합니다.

- I cannot even begin to understand what you're going through right now, but I would like to offer my prayers and condolences.
  지금 얼마나 힘든 심정인지를 헤아릴 수 없지만, 나의 기도와 애도를 전하고자 합니다.

> **tip** Sympathy와 Condolences의 차이
> 'sympathy'와 'condolences'는 둘 다 위로의 뜻을 지니고 있지만, sympathy 는 일반적인 위로의 의미를, condolences는 사망한 사람에 대한 애도의 뜻을 갖고 있다.
>
> ☑ **Sympathy** 다른 사람의 고통이나 고통 자체에 대한 동정심이나 슬픔을 뜻한다. 다른 사람의 감정을 공유하는 것으로 해석된다.
>
> ☑ **Condolences** 사망한 사람의 가족과 친구들에게 주는 위로, 지원 또는 동정의 표현을 뜻한다. 주로 사망한 사람에 대한 애도의 의미이다.

EXAMPLE

- I heard about the loss of your mother. I'm so sorry about her passing. Know that you're in my prayers during this very difficult time.

  어머님을 잃었다는 소식을 들었습니다. 진심으로 애도를 표합니다. 이 어려운 시기를 맞아 당신을 위해 기도하고 있다고 말씀드리고자 합니다.

- I'd like to extend my heartfelt sympathy for the death of your father. My thoughts are with you, and I'm sorry for your loss.

  부친의 사망에 진심으로 조의를 표합니다. 제 마음이 당신과 함께 하고 있음을 아셨으면 합니다. 다시 한번 부친의 사망에 조의를 표합니다.

- I was so saddened to hear about your tragic loss. Please know that my thoughts and prayers are with you right now. I hope memories of them bring you comfort.

  너무나 안타까운 소식에 가슴이 무너져 내립니다. 지금 제 생각과 기도가 당신과 함께 있음을 알아주셨으면 합니다. [그분들]에 대한 좋은 기억이 위안이 되기를 바랍니다.

- I heard about your brother's passing. This must be a very difficult time for you. I'm keeping you in my thoughts.

  형제의 사망 소식을 들었습니다. 지금이 가장 힘든 시기일 것입니다. 늘 제 마음속에 당신이 함께 자리하고 있음을 알아주었으면 합니다.

- Please accept my deepest condolences during this very difficult time. I hope the memories you have with your father comfort you. I'm so sorry for your loss and I am keeping you in mind.

  힘든 시기를 맞고 있을 귀하에게 심심한 조의를 표하고자 합니다. 아버님과 함께한 추억이 위로가 되었으면 합니다. 부친 사망에 진심으로 애도를 표하고 당신과 함께하겠습니다.

- I'm so saddened to hear about your mother's passing. My heart goes out to you and to everyone who loved her. I wish you peace and comfort as you grieve.

  귀하의 모친이 사망했다는 소식을 듣고 너무 마음이 아픕니다. 귀하를 비롯해 그녀를 사랑했던 모든 사람과 함께 애도하겠습니다. 슬픔이 크겠지만 평화와 위로가 되길 바랍니다.

◎ 위로/애도 이메일에 적합한 사인오프

- Caring thoughts are with you, 당신을 생각하며
- In caring sympathy, 심심한 위로를 표하며
- Keeping you in our prayers, 당신을 위해 기도하며
- My heart goes out to you, 우리의 마음이 당신과 함께 하며
- My sincere condolences, 깊은 애도를 표하며
- Praying for you, 당신을 위해 기도하며
- Sharing your sadness, 슬픔을 함께 나누며
- Thinking of you, 당신을 생각하며
- With caring/sympathy, 위로와 함께
- With love at this sad time, 슬픔의 시기에 사랑으로

⊙ 이메일 제목

- Subject: Loss of Your Mother Condolences
  제목: 모친의 사망을 애도하며

- Subject: Passing of [Employee's Name]
  제목: [직원 이름]의 부고와 관련하여

- Subject: News of Branch Closure
  제목: 사무소 폐쇄와 관련하여

✉ 모친 사망 애도

Subject: Loss of Your Mother

Dear [name],

I would like to express my sincerest condolences as you remember your mother. Although we at the office never got a chance to meet her, we know how much she meant to you due to the stories you shared. We are sorry for your loss and wish you all the best during your time of grief.

Our hearts go out to you.

Sharing in your sadness,

[Your name]

당신이 어머님을 그리워하듯이 서 역시 진심으로 그녀의 사망에 깊은 애도를 표합니다. 비록 그녀를 직접 만날 기회는 없었지만, 우리는 당신이 나눈 이야기 때문에 그녀가 당신에게 얼마나 큰 의미를 지니는지를 잘 알고 있습니다. 어머니의 사망에 다시 한번 애도를 표하며, 당신과 함께 슬픔을 나누도록 하겠습니다.

우리의 마음이 당신과 함께합니다.

슬픔을 함께 나누며

✉ 직원 사망 애도

Subject: Passing of [Employee's Name]

Dear [company name] employees,

It is with great sadness that I write to announce the death of [employee's name]. As some of you may have known, [empolyee's name] was diagnosed with an advanced form of cancer late last year. Unfortunately, [empolyee's name]'s battle ended yesterday. [empolyee's name] was a great employee, friend, husband, and father. He will be greatly missed.

[employee's name]'s funeral will be held on [date] at [time]. Any employee who wishes to attend the service will be granted short – term leave from work. Human Resources will be in contact with all employees later today to discuss the protocol.

Please keep your thoughts and prayers with [empolyee's name]'s family during this difficult time.

Sincerely,

[Your name]

[직원 이름]의 사망 소식을 전하게 되어 매우 유감입니다. 여러분 중 몇 분은 이미 알고 있었을지 모르지만, [직원 이름]은 작년 말에 암이 진행되고 있다는 진단을 들었습니다. 불행히도 [직원 이름]의 투병 생활은 어제로 끝났습니다. [직원 이름]은 훌륭한 직원, 친구, 남편, 아버지였습니다. 그가 몹시 그리울 것입니다. [직원 이름]의 장례식은 [날짜]의 [시간]에 거행됩니다. 장례식에 참석하려는 직원은 누구나 단기휴가를 받을 수 있습니다. 오늘 오후 인사부가 모든 직원들과 접촉하여 장례 절차를 논의할 것입니다.

이 어려운 시기에 [직원 이름]의 가족과 함께 우리 모두 기도합시다.

명절 인사 Holiday Greetings

비즈니스맨들에게 있어서 연말연시, 크리스마스, 추석 등 일 년 중 가장 뜻 깊은 명절이나 기념일에 주고받는 이메일은 빼놓을 수 없는 연례행사이다. 영 미권에서는 연말연시, 크리스마스, 추수감사절(추석)뿐만 아니라 메모리얼 데이 (우리나라 현충일에 해당), 이스터(부활절), 노동절, 할로윈 등 각종 기념일에도 축하 이메 일을 보내는 것이 보편적이다.

이 가운데서도 비즈니스맨들 사이에 가장 많은 이메일이 오가는 것은 연말 연시, 크리스마스, 추수감사절 등이다. 명절을 맞아 이메일을 주고받는 것은 사업 파트너, 고객, 동료 직원들과의 비즈니스 관계를 돈독하게 하는 좋은 기 회이다.

홀리데이 이메일 대상

- New Year/Lunar New Year 신정/구정
- Christmas 성탄절
- Thanksgiving 추석/추수감사절
- Easter 부활절
- Valentine's Day 발렌타인데이
- Independence Day 독립기념일
- Halloween 할로윈
- Veterans Day 미국 재향군인의 날

- Boxing Day (day after Christmas, public holiday in Australia) 성탄절 다음 날 박싱데이
- Hanukkah/First of Ramadan/St. Patrick's Day 하누카/라마단/성 패트릭 데이

📍 작성 요령

❶ 기념해야 할 명절과 직접 관련이 있는 문구를 사용한다.
❷ 받는 상대방에게 감사의 뜻을 전달한다.
❸ 가급적 짧고 강렬한 문구를 활용한다.
❹ 상대방의 행운, 성공 건강, 번영 등을 기원한다.
❺ 경우에 따라 편지 혹은 전자카드를 첨부한다.

📍 내용 구성

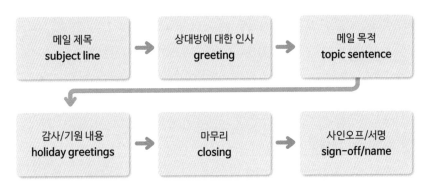

📍 많이 쓰는 단어

blessings	health	remembrances
celebration	joy	season
gratitude	peace	serenity
greetings	pleasure	success
happiness	prosperity	wishes

⌖ 많이 쓰는 표현

- Season's greetings.
  성탄, 신년 인사

- Happy holidays.
  명절을 축하합니다.

- Happy New Year.
  행복한 새해가 되세요.

- This time of year compels us to count our blessings.
  감사해야 할 연말이 왔습니다.

- In celebration of the holiday season …
  연말을 기념하여~

- Everyone here at [company name] sends you best wishes for happiness.
  [회사명]의 모든 사람들이 귀하의 행복을 기원합니다.

- We wish you all the love and happiness this season can bring, and throughout the coming year.
  연말을 맞아, 그리고 다가오는 새해 내내 귀하에게 사랑과 행복이 충만하기를 기원합니다.

- Wishing you a new year of peace and happiness.
  새해에는 평화와 행복이 가득하기를 기원합니다.

- This holiday season we wish to extend our warmest greetings and best wishes.
  뜻깊은 연말을 맞아 따뜻한 인사와 행운을 빕니다.

- Cheers to the New Year!
  새해에 건배를!

비즈니스 파트너에게 적합한 크리스마스 & 연말연시 이메일

- Wishing you a Merry Christmas and a Happy New Year. Thanks for all your support throughout the year and all the best for 2021.

  즐거운 성탄절과 새해 복 많이 받으세요. 1년 내내 응원해 주셔서 감사드리며 2021년 내내 행운이 가득하기를 기원합니다.

- We would like to take this opportunity to thank you for doing business with us and to wish you a very Merry Christmas and a Happy New Year.

  이번 기회를 빌어 우리와 거래해 주셔서 감사하다는 말씀을 드리며, 즐거운 성탄절과 행복한 새해가 되길 기원합니다.

- It's been fantastic working with you in 2020 and we hope we can continue doing business together in the forthcoming year. Wishing you a happy holiday season from the team at [company name].

  2020년에 당신과 함께 일하게 된 것은 정말 환상적이었습니다. 다가오는 새해에도 계속 함께 사업을 할 수 있기를 바랍니다. 즐거운 명절 보내시길 [회사명] 팀 모두가 기원합니다.

- This holiday season, we are looking back with appreciation for your loyalty and looking forward to moving into the New Year together.

  연말연시를 맞아 당신의 충성심에 감사드리며 새해에도 함께 하기를 기대합니다.

- May your holiday be blessed with the love and warmth of family and friends. We consider all our clients as a friend. Thank you and Merry Christmas.

  연말연시를 맞아 가족과 친구들의 사랑과 따뜻함으로 축복이 가득하기를 빕니다. 우리는 모든 고객을 친구처럼 소중하게 여깁니다. 감사를 전하며 즐거운 성탄절 되세요.

- From everyone at [business name], we'd like to say thank you for your continued loyalty and faith in us. Put your feet up and have a well-deserved break this Christmas and let every day of the holiday season be filled with joy.

우리 회사와 지속적으로 거래해 주시고 믿어주신 데 대해 [회사명] 모든 구성원이 감사의 인사를 전하고자 합니다. 이번 성탄절에는 충분한 휴식을 취하시고 휴가 기간 동안 매일 즐거움으로 가득하기를 기원합니다.

- We value each and every one of our customers and we cannot express our gratitude enough for your ongoing support. We hope you have a beautiful Christmas and a Happy New Year.

  우리 회사는 모든 고객들을 소중히 여깁니다. 어떤 표현으로도 귀하의 지속적인 성원에 감사하다는 우리의 마음을 제대로 전할 수 없을 것입니다. 즐거운 성탄절과 행복한 새해 맞으시기를 기원합니다.

- From the entire team at [business name], have a Merry Christmas and a prosperous New Year. Thank you for your continued support and partnership. We look forward to working with you in the years to come.

  즐거운 성탄, 풍성한 새해를 맞으시기를 [회사명] 팀 모두가 기원합니다. 지속적인 성원과 파트너십에 감사드립니다. 앞으로도 계속 귀하와 함께 일하기를 고대합니다.

- May you and your family have a safe and happy Christmas that is full of happy memories. Thank you for being our treasured customer.

  귀하와 귀하 가족이 행복한 추억으로 가득한 안전하고 행복한 크리스마스를 보내길 바랍니다. 우리의 소중한 고객이 되어준 데 대해 감사드립니다.

- We would like to take this opportunity to say thank you for being a valued customer throughout the year. We hope you will continue to support our business in 2021. All the best for the holiday season.

  이번 기회를 빌어 지난 1년 내내 소중한 고객이 되어 주셔서 감사하다는 말씀을 드리고자 합니다. 2021년에도 우리 사업을 계속 지원해 주길 바랍니다. 즐거운 명절 보내세요.

tip 회사 직원, 동료에게 적합한 크리스마스 & 연말연시 이메일

- Extending our warm wishes to you this Christmas. Thank you for your hard work and dedication. Hope you have a fabulous Christmas.

  성탄절을 맞아 따뜻한 축원을 보냅니다. 귀하의 노고와 헌신에 감사드립니다. 멋진 성탄절 보내세요.

- At this special time of year, we want to take a moment to thank you for your dedication to our company. Happy Holidays!

  매년 이 특별한 시기에 우리 회사에 헌신해 주신 것에 대해 감사의 말씀을 드립니다. 즐거운 명절 보내세요!

- Merry Christmas on behalf of the management team at [Company name] and thank you for your hard work.

  [회사명]의 관리팀을 대표하여 성탄 인사를 전합니다. 수고하셨습니다.

- We couldn't have had such a successful year without your dedication and commitment. Best of luck in the New Year!

  당신의 헌신과 노력이 없었다면 우리 회사가 이렇게 성공적인 한 해를 보낼 수 없었을 것입니다. 새해 복 많이 받으세요!

- Happy Holidays to our business family and have a joyful holiday season.

  회사의 가족 모두에게 명절 인사를 전합니다. 즐거운 휴가 보내세요.

- Our business couldn't be luckier to have such quality team members like you on board. Thanks for your ongoing hard work and support. Have a fabulous Christmas.

  귀하처럼 훌륭한 팀원들이 포진해 있다는 것은 우리 회사에 더할 나위 없는 행운입니다. 지속적인 노력과 지원에 감사드립니다. 멋진 성탄절 보내세요.

- We are so fortunate to have such a reliable, enthusiastic and hardworking person working for us. Thank you for always being there for us. All the best for the holiday season.

이렇게 믿음직스럽고, 열성적이며, 근면한 사람이 회사를 위해 일하게 된 것은 회사로선 크나큰 행운 입니다. 항상 회사와 함께 해 주어서 감사드립니다. 명절 잘 보내세요.

- We may have had many challenges this year but with your help, we overcame them all. Thank you for your hard work and commitment, and have a lovely Christmas.

  올해 우리는 많은 어려움을 겪었지만, 귀하의 도움으로 모든 것을 극복했습니다. 귀하의 노고와 헌신에 감사드립니다. 즐거운 성탄절 보내세요.

- Due to your creativity, innovation and commitment, we have thrived this year. Many thanks for all you have done and all the best for Christmas and the New Year.

  귀하의 창의성, 혁신성, 헌신성 덕분에 우리는 올해 번창할 수 있었습니다. 귀하가 이룬 모든 일에 감사드립니다. 즐거운 성탄절과 새해를 맞으시길 바랍니다.

⊙ 이메일 제목

- Subject: Happy Thanksgiving!

  제목: 즐거운 추수감사절(추석) 되세요.

- Subject: Happy Holiday!

  제목: 행복한 명절 되세요!

- Subject: Happy New Year!

  제목: 행복한 새해 되세요!

✉ 추수감사절 인사 ①

Subject: Happy Thanksgiving!

Dear [name],

Before everyone goes their separate ways this Thanksgiving, **I wanted to send a quick message to let you know how much I appreciate having you as a client/business partner.** Working with people like you is what makes my job great, and that's something for which I'm truly thankful. I wish you all the best this holiday season and in the coming year.

Best wishes,

[Your name]

이번 추수감사절을 맞아 모든 사람들이 각자 집으로 돌아가기 전에, 귀하가 우리 회사의 고객(비즈니스 파트너)으로 있는 것에 대해 얼마나 감사한지 말씀드리고 싶습니다. 귀하와 같은 분들과 함께 일하는 것에 직업인으로서 자긍심을 느끼고 있습니다. 이 점 진심으로 감사드립니다. 추수감사절과 새해에는 좋은 일만 가득하길 바랍니다.

✉ 추수감사절 인사 ②

Subject: Happy Thanksgiving from [Your Name]

Dear [client's name or business partner's name],

This Thanksgiving, I'm thankful to have you as a client. **Working with you has been a true pleasure, and I can only hope our relationship continues for many years.** Have a wonderful Thanksgiving surrounded by family and friends.

> Best wishes,
>
> [Your name]

이번 추수감사절을 맞아 귀하를 고객으로 모시게 되어 감사하다는 말을 전하고자 합니다. 당신과 함께 일해서 정말 즐거웠고 우리의 (사업) 관계가 여러 해 동안 계속되기를 바랍니다. 가족, 친구들과 함께하는 멋진 추수감사절 보내세요.

⊙ 유용한 표현

● I'm thankful to have clients like you, not just on Thanksgiving, but every day.
추수감사절뿐만 아니라 귀하 같은 고객이 있어서 매일 감사드립니다.

● I'm counting my blessings this Thanksgiving, and working with you is one of them.
이번 추수감사절에는 감사할 점이 많은데, 그중 하나는 귀하와 함께 일하는 것입니다.

● I appreciate having you as a client and a friend. Happy Thanksgiving to you and your family!
고객이자 친구로 있어 줘서 고맙습니다. 너와 너의 가족 모두에게 행복한 추수감사절 보내세요.

● Thanks so much for your partnership. I wish you nothing but the best this Thanksgiving.
사업 파트너로 함께 해 줘서 정말 고마워. 이번 추수감사절에는 좋은 일만 가득하길 바랄게.

● Happy Turkey Day! I couldn't ask for a better client.
추수감사절 행복하게 보내세요.

● I'm grateful for your business and humbled by the trust you've shown in me. Have a great Thanksgiving.
거래에 감사드리고 귀하가 보여준 신뢰에 겸손해집니다. 즐거운 추수감사절 보내세요.

- Clients like you make this business what it is, and for that, I am thankful.

  귀하 같은 고객 덕분에 이 사업이 의미가 있고 그 점에 감사드립니다.

- Wherever you go and whatever you do this Thanksgiving, I wish you the best. Being able to work with you is something for which I'm truly grateful.

  이번 추수감사절에 어디를 가든지, 무엇을 하든지, 귀하의 행운을 빕니다. 귀하와 함께 일할 수 있어서 정말 감사드립니다.

쾌유 기원 Get Well Messages

불의의 사고나 병으로 비즈니스 거래 상대방이나 그의 중요한 가족이 병원에 입원하게 되면 직접 문병을 갈 수도 있겠지만, 일단 소식을 듣는 즉시 이메일을 보내는 게 좋다. 사람이 어려운 시기에 처해 있을 때 빠른 쾌유를 기원하는 메일은 힘이 되어주고, 나중에 더욱 돈독한 관계를 유지할 수 있는 계기가되기도 한다.

쾌유 기원 이메일 대상

- Illness 질병
- Accident 사고
- Injury 상해

작성 요령

❶ 고통 받는 사람에게는 따뜻한 격려의 말이 먼저이다.

❷ 자신의 입장이 아니라 상대방의 상황에 초점을 두고 격려한다.

❸ 쾌유 기원 이메일은 길 필요가 없으므로 가급적 짧게 진심을 담는다.

❹ 받는 사람이 에너지를 받을 수 있도록 밝고 긍정적인 내용으로 채운다.

⊙ 내용 구성

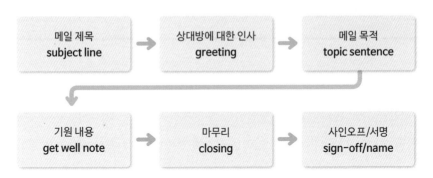

⊙ 많이 쓰는 단어

accident	distressed	optimistic	support
affection	heal	painful	sympathy
comfort	health	recovery	treatment
concerned	hope	saddened	undergo
convalescence	illness	sickness	unfortunate

⊙ 많이 쓰는 표현

- Wishing you a speedy and full recovery.
  빠른 쾌유를 빕니다.

- Hoping you feel much better really soon.
  빨리 나아지기를 바랍니다.

- Letting you know you're in my thoughts and hoping you get better soon.
  늘 제 마음 속에 당신이 있으며 빠른 쾌유를 바랍니다.

- I hope this message lets you know how much we care and are thinking of you.

이 메시지를 통해 우리가 얼마나 당신을 아끼고 생각하는지를 알아주기를 바랍니다.

- Sending you sunshine to brighten your day and warm wishes for a speedy recovery.

  따뜻한 하루 보내시고 빠른 쾌유 기원합니다.

- I can't wait to see that amazing smile of yours again. Feel better real soon!

  당신의 환한 미소를 빨리 보고 싶습니다. 빨리 나으세요!

- Get well soon! Sending lots of hugs and love your way.

  빨리 나으세요! 관심과 애정을 담아.

◎ 이메일 제목

- Subject: Get Well Soon

  제목: 쾌유 기원

- Subject: Wishing You a Fast Recovery

  제목: 빠른 회복 기원

- Subject: Thoughts and Prayers for Your Son!

  제목: 귀하의 아들을 위한 염려와 기도

✉ 질병 입원

Subject: Get Well Soon [Name]!

Dear [name],

I am sorry that you have been hospitalized. Recovery is hard work but

---

you're not alone. I hope this message lets you know how much we care and will be thinking of you.

I know that you might not be feeling up to visitors, so I will call before I come to visit. But feel free to call me anytime if you want to talk. Hoping you get better soon!

Sincerely yours,

[Your name]

입원했다는 소식 듣고 가슴이 아팠습니다. 회복은 힘든 일이지만 당신은 혼자가 아닙니다. 이 메시지를 통해 우리가 얼마나 당신을 아끼고 생각하는지 알아줬으면 좋겠습니다.

위문을 좋아하지 않을 수도 있다고 생각하니 방문하기 전에 꼭 전화드릴게요. 통화하고 싶으면 언제든지 전화해도 좋습니다. 빨리 낫기를 바랍니다!

✉ 사고 입원

Subject: Wishing You a Fast Recovery

Dear [name],

I am writing to express my sadness regarding your recent injury during your camping trip. When I first heard about the incident from [source's name], my heart sank. I hope that you have a speedy recovery. Please contact me if you need anything.

I can't wait to see that amazing smile of yours again. Get well soon!

Take care,

[Your name]

네가 최근 캠핑 여행 중 상처를 입었다는 소식을 듣고 얼마나 가슴이 아팠는지 모를 거야. [제3자]으로부터 사고 소식을 처음 들었을 때 가슴이 철렁 내려앉았다. 빠른 쾌유를 빈다. 필요한 것이 있으면 연락해라.

너의 그 매력적인 미소를 다시 보고 싶어. 빨리 나으렴!

⊙ 유용한 표현

- My best thoughts are with you even as you recover to your full health in this sick period. Wishing you a speedy recovery.

  병원에서 치유를 받는 동안 완전히 건강을 회복할 때까지 제 마음이 당신과 함께할 겁니다. 빠른 쾌유를 빕니다.

- This is to wish you all the best with your recovery. May you enjoy many more years in good health and happiness all year long.

  쾌유를 기원합니다. 앞으로 건강하고 행복한 세월을 즐기시길 바랍니다.

- I hope you will get better soon. I hope it helps to know that all your colleagues are thinking of you.

  쾌유하세요. 이번 일을 통해서 모든 동료들이 당신을 생각하고 있다는 것을 알았으면 좋겠습니다.

- I wish you a quick and full recovery. We are looking forward to seeing you again real soon!

  빠른 완쾌를 빕니다. 곧 다시 만날 수 있기를 고대합니다!

- I'm sending positive thoughts/vibes your way for a quick recovery.

  빠른 회복을 위해 긍정적인 생각/기운을 보냅니다.

- I'm so sorry to hear you've been ill. You are in my thoughts/prayers.

  그동안 아팠다는 소식에 마음이 아픕니다. 당신을 위해 진심으로 기도하겠습니다.

⊙ 사고

- An accident is always an unpleasant experience. I pray that you overcome this trial in your life. God bless you always, my prayers are always with you.

  사고는 언제나 불행한 경험입니다. 당신의 인생에서 이 시련을 이겨내길 기도합니다. 하나님이 항상 당신을 축복하길, 내 기도는 언제나 당신과 함께합니다.

- I felt devastated when I heard that you got into an accident but thank goodness, your operation was successful. Get well soon!

  사고를 당했다는 소식을 듣고 망연자실했는데, 수술이 성공적이어서 다행이다. 빨리 나으렴!

- I am looking forward to your speedy recovery and hope to see you back soon.

  쾌유를 빌고 빨리 돌아올 수 있기를 바란다.

- I wish you the best and speediest recovery possible after your accident. You know that I am here for you always. Get well soon!

  사고 후 가능한 한 빨리 회복되길 바란다. 내가 항상 널 위해 여기 있는 거 알잖아. 빨리 회복해라!

- You are a strong person in and out, and I am sure you will overcome the challenges and come out stronger on the other side.

  당신은 안팎으로 강한 사람이고, 도전을 이겨내고 더 강한 모습으로 거듭날 것이라고 확신합니다.

⊙ 암 등 심각한 질병/사고

- I was so sorry to hear about your diagnosis. Sending lots of caring thoughts your way as you begin treatment.

  병원 진단 소식을 듣게 되어 정말 유감입니다. 치료가 시작되면 자주 안부 전할게요.

- I don't know why bad things like cancer have to happen to good people like you. But I want you to know I'm thinking about you and how much I want to help in whatever way I can.

  암과 같은 나쁜 일이 왜 당신처럼 좋은 사람에게 일어나야 하는지 모르겠습니다. 당신을 정말 걱정하고 있고, 할 수 있는 모든 방법을 동원하여 당신을 돕고 싶어하는 마음을 알아줬으면 좋겠습니다.

- Please know you are in our thoughts and we are all praying for you.
  우리가 늘 당신을 생각하고 있고 한마음으로 기도하고 있다는 사실을 알아주십시오.

- I don't know what to say, except I'm thinking of you.
  당신을 걱정하고 있다는 것 말고는 할말이 없어요.

- Wishing you some well-deserved good days to make up for all the crummy ones lately.
  최근 겪은 모든 형편없는 일을 보상받을 수 있는 좋은 날들이 빨리 오기를 빕니다.

허물없는 사이에 쓸 수 있는 재치 있는 쾌유 기원

- Being sick is no fun. Will you hurry up and get better already? I'm bored!
  너 아프니까 재미없다. 빨리 나을 거지? 나 심심해!

- Being in the hospital is no fun. Let's hope they kick you out of there pretty soon!
  입원하면 심심해. 빨리 병원에서 쫓겨나길 바라자.

- I read your prescription. It sounds like you're required to have a daily dose of your best friend's company. Lucky you!
  너의 처방전을 봤어. 가장 친한 친구의 문병이 꼭 필요하다니. 운 좋은 줄 알아!

- I miss seeing you every day! Get better soon so that I'm not so lonely.
  매일 보던 너의 모습이 그리워! 내가 외롭지 않도록 빨리 나아.

- I hope you're not as contagious as your smile is! Keep smiling!
  네 미소의 전염성만큼 병이 심하진 않을 거야. 계속 웃어!

- I always thought you were kind of invincible. Now I know you're just human too! Cheers to hoping you feel better soon!
  난 항상 네가 천하무적이라고 생각했는데, 지금 보니 너도 인간이란 걸 알았어! 빨리 낫길 바래!

⌖ 쾌유 기원 이메일에 적합한 사인오프

- Be well, 쾌차하길
- Best wishes as you recover, 빨리 쾌유하길
- Blessings, 신의 가호가 있기를
- God bless you, 신의 가호가 있기를
- Good health to you, 건강하세요
- Gratefully, 감사하며
- Happy healing, 즐거운 치유를 빌며
- Take care, 몸조심해
- Take extra good care, 각별히 몸조심해
- Thinking of you, 당신을 생각하며
- Warmly, 따뜻하게
- Wishing you healing, 치유되길
- Wishing you health, 건강하길
- Wishing you rest, 푹 쉬길

감사 Appreciation & Thank-You Notes

비즈니스를 하면서 거래처, 직장 상사/동료 등 상대방으로부터 도움을 받았거나 상대방의 협조 등으로 업무 처리가 잘 되어 좋은 결과가 나올 경우 감사의 뜻을 담은 이메일을 보내는 것이 일반적이다. 특별상여금을 받거나 거래처로부터 좋은 평가를 받았을 때, 특별 강연이나 세미나 등에 초청을 받았을 때도 감사 이메일을 보내곤 한다. 감사 이메일은 크든 작든 감사할 일이 생기면 보내는 이메일이라고 생각하면 된다. 감사의 마음을 전하는 이메일은 비즈니스 관계에서 상대방을 존중하고 배려하는 마음을 표현하는 것이며, 사업 파트너, 고객, 동료 직원들과의 인간 관계를 돈독하게 할 수 있는 좋은 기회이다.

 Appreciate vs. Thank의 차이

☑ **Appreciate** 사전적 의미로 '무엇에 대해 고마운 마음을 갖는다(to be grateful 혹은 thankful for)'로 해석된다.

☑ **Thank** 사전적 의미로 '감사의 마음을 표현한다(to express gratitude or appreciation)'로 풀이된다.

'appreciate' 와 'thank' 모두 감사하다는 뜻으로 쓰인다. 하지만 'appreciate'가 좀더 정중한 표현이며 '~의 진가를 알아보다', '재능을 알아채다' 라는 뜻도 있다.

- I appreciate your help/kindness.
  도움/친절에 감사드립니다.

- Thank you for your help/kindness.
  도움/친절에 감사드립니다.

- Person who appreciates fine wines.
  좋은 와인의 가치를 아는 사람

감사 이메일 대상

- Award/Honor 수상/영예
- Bonus 보너스
- Commendation 표창
- Customer referral 고객 추천
- Employees for a bonus/raise/promotion 직원 보너스/연봉 인상/승진
- Group effort 단체 노력
- Helpful advice/suggestion/tip 유용한 충고/제안/팁
- Introduction 소개
- Outstanding speech/workshop/conference 뛰어난 연설/워크숍/콘퍼런스
- Extraordinary performance 탁월한 성과
- An offer of assistance 도움 제의
- Complimentary remark/Acknowledgment 칭찬/인정
- Invitation to speak/Chair of committee 발언자/위원장 초청
- Financial contribution 재정적 기여
- Volunteer efforts 자원봉사
- Expression of sympathy 애도

작성 요령

❶ 감사의 대상을 가장 먼저 직접 언급한다.

❷ appreciation, congratulation, gratitude 등 핵심 단어를 먼저 사용한다.

❸ 길지 않게 따뜻하고 진심이 담긴 문구를 사용한다.

❹ 감사의 의미를 퇴색시키지 않게 약간은 격식을 갖춰 정중하게 전달한다.

❺ 감사의 대상이 되는 상대방의 성과/행동/재능 등을 구체적으로 언급한다.

❻ 긍정의 에너지를 가득 담는다.

내용 구성

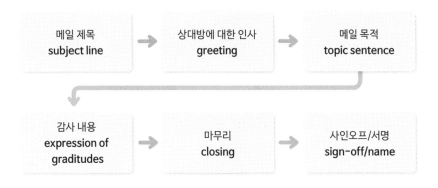

메일 제목 subject line	상대방에 대한 인사 greeting	메일 목적 topic sentence

| 감사 내용 expression of graditudes | 마무리 closing | 사인오프/서명 sign-off/name |

많이 쓰는 단어

☑ Appreciation

admire	gracious	remarkable
appreciate	impressive	stunned
commendable	inspired	superb
engaging	knowledgeable	touched
fascinating	memorable	valuable

☑️ Thank you

cherish	kindness	remember
delighted	lovely	surprise
elegant	noteworthy	thrilled
excited	overjoyed	unforgettable
generous	perfect	wonderful

◎ 많이 쓰는 표현

- We're grateful for your support in [business activity].

  [사업 활동]에 도움을 주신 데 대해 감사드립니다.

- I appreciate you taking the time out of your busy schedule to speak with me.

  바쁜 일정에도 시간을 내어 저와 대화를 나눠준 데 대해 감사드립니다.

- We greatly appreciate the time you took to share your experience and insights …

  시간을 내어 경험과 통찰력을 공유해 주신 데 대해 진심으로 감사드립니다.

- Your presentation was both informative and practical.

  귀하의 프레젠테이션은 유익하고 실용적이었습니다.

- I really appreciate your insights, and I look forward to implementing many of your suggestions.

  당신의 통찰력에 정말 감사하며, 당신의 제안들이 실행되기를 기대합니다.

⊙ 이메일 제목

- Subject: Thank You for Your Assistance
  제목: 도움에 감사

- Subject: Thank You for Sharing Information
  제목: 정보 공유에 대한 감사

- Subject: Thank You for Yesterday's Meeting
  제목: 어제 미팅에 대한 감사

✉ 도움에 감사

Subject: Thank You for Your Assistance

Dear [name],

I really appreciate all your help in getting the new store ready for opening night.

You've been right there, helping out wherever and whenever needed for these past few months. **Everything has finally come together, and we're ready to open our doors to the public.**

I look forward to continue working with you.

Best wishes,

[Your name]

새 지점을 개점할 수 있도록 도와주셔서 정말 감사합니다. 지난 몇 달 동안 언제, 어디서든지 필요할 때마다 큰 도움이 됐습니다. 이런 모든 노력이 마침내 하나로 합쳐져서 우리는 새 지점을 대중에게 소개할 수 있게 되었습니다.

앞으로도 계속 귀하와 함께 일할 수 있기를 기대합니다.

✉ 조언에 감사

Subject: Thank You for Sharing Information

Dear [name],

Thank you very much for meeting with me yesterday regarding my current project. I really appreciate your insights, and I look forward to implementing many of your suggestions.

It's helpful to have someone who has had experience with similar issues on previous projects to talk things over with. I appreciate you taking the time out of your busy schedule to speak with me.

I'll be sure to send you a follow up when this project gets completed.

Best regards,

[Your name]

현재 진행중인 프로젝트와 관련해서 어제 시간을 내서 미팅에 응해주신 데 대해 감사합니다. 미팅에서 보여준 통찰력에 정말 감사드리며 어제 나온 많은 제안이 실행되기를 기대합니다. 과거에 유사한 프로젝트를 진행하며 비슷한 문제를 경험한 사람과 이야기를 나눈 것이 큰 도움이 되었습니다. 바쁜 일정에도 기꺼이 시간을 내준 데 대해 감사드립니다.

이 프로젝트가 잘 마무리되면 반드시 관련 내용에 대한 후속 정보를 보내드릴게요.

✉ 미팅에 감사

Subject: Thank You for Yesterday's Meeting

Dear [name],

Thank you for meeting with us yesterday. We greatly appreciate the time you took to share your experience and insights into how we should plan our upcoming advertising campaign.

Your presentation was both informative and practical, and has inspired our team to come up with some exciting ideas for the campaign ahead of our team meeting next week.

Once again, a big thank you from all of us and we look forward to having you back to review our draft.

Best,

[Your name]

어제 미팅 감사합니다. 향후 광고 캠페인을 어떻게 계획해 나갈지에 대한 귀하의 경험과 통찰력을 공유해 주셔서 대단히 감사드립니다. 프레젠테이션은 유익하고, 실용적이었으며, 다음 주로 예정된 우리 팀 회의를 앞두고 캠페인을 위한 몇 가지 흥미로운 아이디어를 창출해 내는 데 큰 영감을 주었다고 생각합니다.

다시 한번 큰 감사를 표하며, 앞으로 나올 초안에 대해서도 검토를 부탁드리겠습니다.

◎ 선물에 감사

- I thank you from the bottom of my heart.
  진심으로 감사드립니다.

- You are one of the most generous people I know.
  당신은 내가 아는 가장 관대한 사람 중 한 명입니다.

- We appreciate your gift/hospitality/thoughtfulness.
  당신의 선물/환대/자상함에 감사드립니다.

- Thank you for the delightful/thoughtful gift.
  기쁜/사려 깊은 선물에 감사드립니다.

- You picked the perfect gift for me.
  정말 마음에 드는 완벽한 선물입니다.

- Thanks for being so thoughtful/generous.
  당신의 깊은 사려/자상함에 감사드립니다.

- Your gift means a lot to me.

  선물은 제게 큰 의미가 있습니다.

- If you could see my face right now, you'd see a look of gratitude.

  지금 제 얼굴을 볼 수 있다면, 감사함에 어쩔 줄 모르는 표정을 보실 수 있을 겁니다.

- Thanks for thinking of me. You made my day.

  나를 생각해 주어서 고마워. 너는 오늘 정말 나를 행복하게 해 줬어.

◎ 도움이나 지원에 감사

- I am so thankful for the time you took to help with my presentation. You're a wonderful friend and coworker.

  발표를 돕기 위해 시간을 내줘서 고마워. 당신은 정말 멋진 친구이자 동료야.

- How can we ever thank you enough for all you've done? We're forever grateful.

  어떤 말로도 감사를 충분히 표현할 수 없을 겁니다. 정말 감사합니다.

- You helped me right when I needed help the most.

  제가 가장 도움을 필요로 할 때 저를 도와주셨습니다.

- I really appreciate your support in this endeavor.

  헌신적인 도움에 진심으로 감사드립니다.

- We must thank you for your support at this time.

  당신의 지원에 감사드립니다.

- I want to thank you for all the support and concern.

  모든 지원과 관심에 감사드리고 싶습니다.

- Your support has made me a stronger person and I will forever be grateful.

  당신의 지지가 나를 더 강한 사람으로 만들었고 나는 이 점을 영원히 감사할 것입니다.

- Taking the time to help me was a very nice thing for you to do. Thanks so much.

  친절하게도 시간을 내어 저를 도와준 것에 감사드립니다.

- I will always remember how you helped me to get this wonderful opportunity. I can only hope that someday I'll be in a position to repay you.

  당신 도움 덕분에 이렇게 좋은 기회를 얻었다는 것을 절대 잊지 않겠습니다. 언젠가 저도 당신을 도울 날이 왔으면 합니다.

거래 파트너/직장 동료/부하직원에 대한 감사

- I want to acknowledge everyone's extra effort.

  모두의 노력에 감사드립니다.

- I want to thank you for your hard work and dedication.

  당신의 노고와 헌신에 감사드리고 싶습니다.

- Thank you for sharing your knowledge and experience with me.

  지식과 경험을 공유해 주셔서 감사합니다.

- You have been a valuable member of our team.

  귀하는 저희 팀의 소중한 일원입니다.

- I appreciate you supporting me at the meeting.

  회의에서 저를 지원해 주셔서 감사합니다.

- Your commitment to excellence has inspired others.

  당신의 헌신적인 탁월함 덕분에 다른 사람들이 영감을 얻었습니다.

- We appreciate your innovative thinking.

  혁신적인 사고에 감사드립니다.

- Thank you for taking the initiative and getting it done.

  솔선수범하여 일을 성사시켜 주셔서 감사합니다.

환영 Welcome Messages

    비즈니스에서 고객을 처음 소개받거나 새로운 직장 동료/부하직원 등을 처음 맞이할 때 보내는 것이 환영 이메일이다. 환영 이메일은 비즈니스의 첫걸음이며 때로 회사와 당신의 첫인상을 결정짓는 매우 중요한 이메일이다. 따라서 가급적 밝은 분위기를 연출하는 것이 핵심이며 인연을 맺게 되어 기쁘다는 표현을 잊어서는 안 된다.

환영 이메일 대상

- New business contact/customer/client 새 업무 계약/고객/거래처
- New co-worker/employee 새 직장 동료/직원
- New member of organization 새 멤버
- Potential customer/client 잠재적 고객/거래처

작성 요령

❶ 타이밍이 가장 중요하므로 가급적 빠른 시일 안에 환영 이메일을 보낸다.

❷ 고객/동료/선후배 등 새로운 인연을 맺게 되어 기쁘다는 점을 밝힌다.

❸ 직장 동료라면 새로운 조직/환경 적응에 적극 돕겠다는 의사를 표시하고 가능하다면 구체적으로 만날 시간을 정한다.

❹ 조직에 대한 부정적인 내용은 배제하고 가급적 긍정적인 정보를 전달한다.

❺ 궁금한 점이 있다면 언제든지 연락해도 좋다는 말을 강조한다.

⊙ 내용 구성

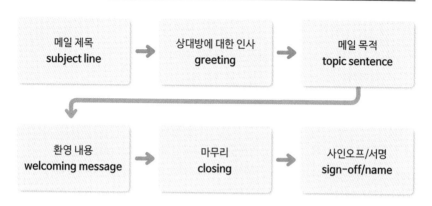

메일 제목
subject line
→
상대방에 대한 인사
greeting
→
메일 목적
topic sentence

환영 내용
welcoming message
→
마무리
closing
→
사인오프/서명
sign-off/name

⊙ 많이 쓰는 단어

belong	future	pleased
community	greetings	questions
excited	hope	reception
fellowship	hospitality	share
friendship	introduce	welcome

⊙ 많이 쓰는 표현

- Welcome aboard to [company name]!
  [회사명]에 합류하게 되신 것을 환영합니다!

- I am very pleased that you have accepted our offer and are joining our team.
  제안을 수락해서 우리 팀에 합류하게 되어 기쁩니다.

- It is a tremendous honor for us to be working with an experienced company such as yours.
  귀사와 같이 경험이 풍부한 회사와 함께 일하게 되어 영광입니다.

- I'm looking forward to getting to know you better.
  귀하에 대해 더 많이 알게 되기를 고대합니다.

- It is with the greatest pleasure that I welcome you to [company name].
  당신을 [회사명] 일원으로 환영할 수 있게 되어 대단히 기쁩니다.

- Let us know how we can help you feel quickly at home.
  이곳을 집처럼 편안하게 만들기 위해 무엇이 필요한지 알려주시기 바랍니다.

- We are looking forward to a long and successful partnership with you.
  귀하/귀사와 오랫동안 성공적인 파트너십을 이어가기를 고대합니다.

- I'd like to personally thank you for signing up for our service.
  우리 회사 서비스를 계약해 주신 데 대해 개인적으로 감사 인사를 하고 싶습니다.

- I'd love to hear what you think of [product] and if there is anything we can improve.
  개선할 사항이 어떤 것이 있는지 [제품]에 대한 귀하의 의견을 듣고 싶습니다.

◉ 이메일 제목

- Subject: Thank You for Joining Our Service
  제목: 서비스 계약 감사

- Subject: Welcome to the Team
  제목: 팀에 잘 오셨습니다.

- Subject: Partnership Details
  제목: 파트너십 세부 사항

✉ 회원/서비스 가입

Subject: Thank You for Joining Our Service

Hi [name],

My name is [your name], the manager of [company name] and I'd like to personally thank you for signing up to our service.

We established [company name] in order to [mission/values of company].

I'd love to hear what you think of [product] and if there is anything we can improve. Please email if you have any questions or concerns and I will be happy to help!

Best regards,

[Your name]

[회사명]의 제임스 김 매니저입니다. 우리 회사 서비스에 가입해 주셔서 개인적으로 감사드립니다. 우리 회사는 [목적]을 위해 설립된 회사입니다. 개선할 내용이 있는지 [제품]에 대한 의견을 듣고 싶습니다. 궁금한 점이나 문의 사항에 대해 이메일을 주시면 기꺼이 돕겠습니다!

✉ 인재 영입

Subject: Welcome to the Team

Dear [name],

I am very pleased that you have accepted our offer and are joining our team. Your experience and vision will be a great asset to this group, and I know that the team is looking forward to working with you.

Mr. Kim Young will be your liaison with the other team leaders. They will help you get up to speed on where the projects stand and how they envisioned to integrate the final product. I know he is planning to contact you this week to help make your move to [company name] as smooth as possible.

If there is anything we can do for you in the meanwhile, please let me know. Welcome aboard! We are all looking forward to seeing you soon.

Best regards,

[Your name]

우리의 제안을 받아들여 우리 팀에 합류하게 되어 매우 기쁩니다. 당신의 경험과 비전은 우리 팀에 큰 자산이 될 것이고, 우리 팀 모두 당신과 함께 일하기를 기대하고 있습니다. 김영 씨가 다른 팀장 들과의 연결을 도와줄 것이고, 현재 진행중인 프로젝트의 현황과 최종 제품을 만들기까지 어떻게 협력할 것인지에 대해 빠르게 이해할 수 있도록 도와줄 것입니다. [회사명]으로 가능한 한 순조롭게 이직할 수 있도록 김영 씨가 이번 주에 당신에게 연락할 겁니다.

그동안 우리가 해 줄 수 있는 일이 있으면 언제든지 알려주시기 바랍니다. 우리 팀에 합류한 것을 환영합니다! 곧 만나기를 고대하고 있습니다.

✉ 새 비즈니스 파트너

Subject: Partnership Details

Dear [name],

It has been a pleasure to be able to talk to you about our products. **It is a tremendous honor for us to be working with an experienced company such as yours.** I would like to thank you for the opportunity to welcome you personally. We eagerly look forward to doing business with you.

We are aware that you have innovative strategies you can use to increase brand awareness and thus would like you to handle it. We like to remind you that the agreed budget will still need to be followed.

Everything in the contract will be intact and productive during its duration which is up to one year. If you have questions regarding the deal please feel free to call us on [phone].

We are looking forward to a long and successful partnership with you.

Sincerely,

[Your name]

우리 제품에 대해 이야기할 수 있어서 좋았습니다. 귀사와 같이 경험이 풍부한 회사와 함께 일하게 되어 정말 영광입니다. 개인적으로 만날 수 있는 기회를 주셔서 감사합니다. 우리 회사는 귀사와 거래하기를 간절히 바랍니다. 귀사가 브랜드 인지도를 높이기 위해 사용할 수 있는 혁신적인 전략을 가지고 있다는 것을 알고 있으므로 귀사가 이를 맡아주었으면 합니다. 다만 양측 간에 합의된 예산 범위를 초과해서는 안 된다는 점을 상기시켜주고 싶습니다. 〈최대 1년 기한인 계약서 내용은 모두 완벽하고 생산적으로 보여집니다.〉 거래와 관련하여 문의 사항이 있으시면 [전화]로 문의하십시오.

우리는 귀사와 오랫동안 성공적인 파트너십을 기대하고 있습니다.

사적인 이메일 Personal Emails

비즈니스 이메일이라고 해서 모든 것이 일과 관련된 공적인 것만은 아니다. 때로 자신 혹은 자녀의 결혼/생일 등 개인적인 사안에 대해서도 비즈니스 관계에 있는 지인에게 보낼 수 있다. 하지만 사안 자체가 지극히 개인적인 영역이고 이메일을 받는 상대방이 비즈니스 관계로 맺어져 있다면 이메일 형식과 내용은 예의를 갖춰 작성해야 한다. 자칫 부담을 주는 것으로 비쳐서는 안 되며, 상대방을 행사에 초청하는 것인 만큼 초청하는 이유와 함께 정성이 담겨 있어야 한다.

⊙ 사적인 이메일 대상

- Wedding/Engagement 결혼/약혼
- Anniversary 기념일
- Personal event/Celebration 개인적 행사/경사

⊙ 작성 요령

❶ 초청받는 행사의 내용을 명확하게 설명한다.
❷ 행사의 시간, 장소, 위치 등에 대한 정보를 정확하게 전달한다.
❸ 초청받는 사람이 맡을 임무나 역할이 있다면 사전에 정확히 이해시킨다.
❹ 주차 등 행사 장소에 대한 유용한 정보를 잊지 않는다.

❺ 청첩장, 초청장 등 전자카드를 파일로 첨부한다.

❻ 예약 등을 위해 참석 여부를 확인한다.

📍 내용 구성

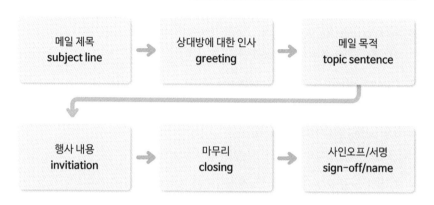

📍 많이 쓰는 단어

celebrate	informal	reception
ceremony	join	share
favor	joy	union
happiness	pleasure	vows
honor	presence	wishes

📍 많이 쓰는 표현

● It is my absolute pleasure to invite you to my wedding ceremony.
제 결혼식에 초대하게 되어 대단히 기쁩니다.

- I would like to invite you to take part in the wedding celebration.

  결혼식에 초대하고자 합니다.

- We request the pleasure of your company to celebrate the marriage of [bride & groom].

  [신랑/신부]의 결혼식에 오셔서 자리를 빛내 주시기를 바랍니다.

- Would love for you to join us at [event name].

  [행사]에 참석해 주시기를 바랍니다.

- I am planning a surprise [event] for …

  깜짝 [행사]를 준비중에 있습니다.

- We invite you to celebrate with us at …

  [행사]에 참석하셔서 우리와 함께 기념할 수 있도록 초대합니다.

- Thank you so much for inviting us to join you at …

  귀하의 [행사]에 참석할 수 있도록 초대하여 주셔서 감사합니다.

- Look forward to seeing you soon and all best wishes for …

  곧 뵙도록 하겠으며 모든 일이 잘 되기를 바랍니다.

- Unfortunately, I will not be able to attend as I will be …

  안타깝게도 귀하가 초대해 준 행사에 참석하지 못할 것 같습니다.

⊙ 이메일 제목

- Subject: Responding to Invitation for [Party Name]

  제목: [행사] 초청에 대한 답

- Subject: [Name]'s Surprise Birthday Party

  제목: [이름]의 깜짝 생일 파티

- Subject: Accepting Invitation for [Party Name]

  제목: [행사] 초청 수락

✉ 자녀 결혼식 초청

Subject: My Daughter [Name]'s Wedding Invitation

Dear [name],

I would like to take this opportunity to inform you that my daughter, [name], is getting married on the [date] of this year. I would like to invite you to take part in the wedding celebration. A wedding invitation has been mailed to your address and I hope to see you there!

Warm regards,

[Your name]

제 딸 [이름]이 올해 [날짜]에 결혼한다는 것을 알려드립니다. 귀하를 결혼식에 초대하고자 합니다. 결혼 초대장은 우편으로 귀하의 주소로 보냈습니다. 결혼식에서 뵙겠습니다!

✉ 생일 파티 초청

Subject: [Name]'s Surprise Birthday Party

Dear [name],

Another year has gone by for my wife, [wife's name], and I have decided to do something a little different this year. I am planning a surprise 50th birthday party for her and hoping to organize this event as discreetly as possible so that she doesn't know what I am up to!

I really hope you will be able to join us in celebration. We are all going to meet at 6:00 pm on [date] at the Plaza Hotel, [address]. I hope we are able to make this birthday a very memorable one! If you have any questions just give me a call and let me know if you are able to make it. Hope to see you there!

Yours truly,

[Your name]

제 아내, [이름]에게 또 한 해가 흘렀고 올해는 조금 다르게 이를 기념하기로 결심했습니다. 그녀를 위해 깜짝 50번째 생일 파티를 계획하고 있습니다. 아내 모르게 가능한 한 신중하게 이 행사를 주관하고 싶습니다! 귀하를 초대하여 우리와 함께 축하할 수 있기를 진심으로 바랍니다. [날짜] 오후 6시에 플라자호텔[주소]에서 파티를 진행할 겁니다. 우리 모두 힘을 합쳐 아내에게 이번 50번째 생일을 매우 기억에 남는 생일로 만들어 주고 싶습니다. 궁금한 점이 있으시면 저에게 전화하시고, 참석 가능 여부를 알려주십시오. 깜짝 생일 파티에서 뵙겠습니다!

✉ 초청에 대한 감사

Subject: Accepting Invitation for [Party Name]

Dear [name],

Thank you so much for the kind invitation to your wedding/birthday party in May. [Spouse name] and I would love to attend and celebrate such a special day.

Look forward to seeing you soon and all best wishes for the final few months of preparations.

Kindest regards,

[Your name]

5월에 있을 결혼/생일 파티에 친절하게 초대해 줘서 정말 감사합니다. 저와 [배우자 이름]은 이 특별한 날에 함께 참석해서 축하하고 싶습니다.

곧 뵙기를 기대하며 마지막 몇 달 동안의 준비 과정에 행운을 빕니다.

✉ 초청에 대한 정중한 불참 의사 표시

Subject: Responding to Invitation for [Party Name]

Dear [name],

Thank you so much for inviting us to join you at your son's upcoming wedding/your wife's birthday party. Unfortunately, I will not be able to **attend as I will be** out of the country on business that weekend. I am sad to miss this special day and will be celebrating with you from afar on the big day.

Sending my best wishes. Congratulations!

Warm regards,

 [Your name]

곧 있을 아드님의 결혼식/아내의 생일 파티에 우리를 초대해 주셔서 정말 감사합니다. 아쉽게도 행사날이 있는 주말에 업무상 해외 출장이 예정되어 있어 참석할 수 없을 것 같습니다. 이 특별한 날을 놓쳐서 슬프지만 멀리서나마 함께 축하하겠습니다.

행운을 빌며, 축하합니다!

⊙ 혼인식 초청장 내용 TIPS

- Who's hosting the wedding 혼인식 주관자
- The request to come to the wedding 초청 요청
- The names of the couple 신부/신랑 이름

  한국에서는 신랑 이름 다음에 신부 이름을 쓰지만, 영미권에서는 일반적으로 신부 이름을 먼저 쓴다.

- The location of the wedding 예식 장소/주소
- The date and time 예식 날짜/시간
- Reception information 리셉션 정보
- RSVP detail 참석 여부 확인

결혼식 영문 초청장 문구(Wedding Invitation Wording)

With joyful hearts
We ask you to be present
At the ceremony uniting
[Bride name]
and
[Groom name]
On Saturday, the [date]
Two thousand twenty-one
At six o'clock in the evening
City Wedding Hall
[Wedding place address]
[Parent names]

· ·

We would be delighted if you could join
us to celebrate my daughter's wedding.
[Bride's name & groom's name]
Saturday [date] at 4:00 pm
At the Christ Church, [address]
Followed by dinner and reception at [restaurant name]
[Parent names]

· ·

[Bride's name & groom's name]
Announce with great pleasure
Their marriage on
Saturday, the [date]
Two thousand and twenty
At the Christ Church
[Address]

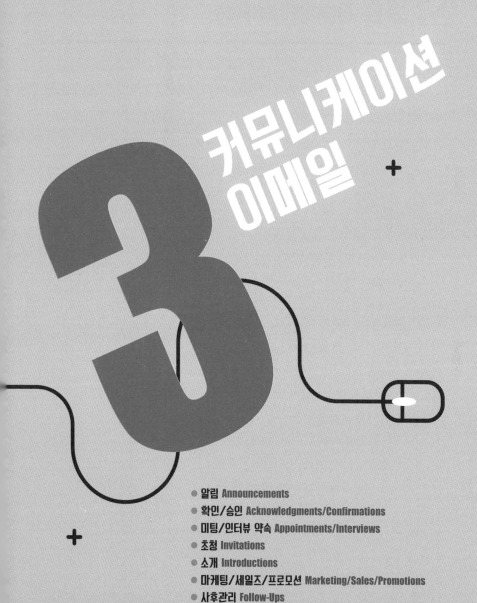

3 커뮤니케이션 이메일

- 알림 Announcements
- 확인/승인 Acknowledgments/Confirmations
- 미팅/인터뷰 약속 Appointments/Interviews
- 초청 Invitations
- 소개 Introductions
- 마케팅/세일즈/프로모션 Marketing/Sales/Promotions
- 사후관리 Follow-Ups

알림 Announcements

　마케팅이나 홍보, 판매 등과 관련된 비즈니스 이메일 중 가장 많은 부분을 차지하는 것은 알림이다. 알림 이메일의 상당수는 마케팅에 관한 것이겠지만, 회사의 주소가 변경되었거나 미팅 약속, 담당자의 인사 이동, 세미나 및 콘퍼런스 개최, 새 영업장(상점) 개점, 상호 변경, 상품 가격 변동, 상품 리콜, 회사 정책 변화, 인수합병(M&A), 파산, 영업 확대, 구조 조정 등 모든 것들이 알림 이메일에 포함될 수 있다.

⊙ 알림 이메일 대상

- Change of business address 회사 주소 변경
- Business anniversary 회사 창립기념일
- New company policies/directions/management 회사 정책 변경/지침/관리
- Company merger/reorganization 회사 합병/조직 개편
- Meetings/Workshops/Conferences 회의/워크숍/콘퍼런스
- New office/Services/Businesses 새 사무소/서비스/신규 사업
- Organizational restructuring 조직 재구성업
- Opening a business/branch office/store 신규 사업 런칭/분점/상점
- Business change/Price change/Product recall 사업 변경/가격 변경/리콜
- New division/subsidiary 신규 사업 분할/자회사
- Business operation hours 업무 시간
- Resignation/Retirement 사직/은퇴
- Job position openings 채용

⊙ 작성 요령

❶ 누가, 언제, 어디서, 무엇을, 어떻게, 왜의 6하원칙에 따라 내용을 구성한다.

❷ 내용의 중요도 순서를 정해서 작성한다.

❸ 내용은 명확하고, 짧고, 간결하게 작성한다.

⊙ 내용 구성

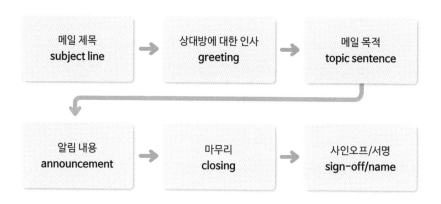

⊙ 많이 쓰는 단어

announce	inform	promoted
celebrate	introduce	report
delighted	mention	reveal
happy	notice	share
honor	pleased	signal

📍 많이 쓰는 표현

- As of [date], [company name] will be moving to [building name], [address] …
  [날짜]를 기해 [회사명]은 [건물명], [주소]로 이전 예정

- Attached is a map showing the new location.
  첨부된 것은 새로운 사무실 위치를 표시한 지도입니다.

- Due to our remarkable growth over the last ten years, we are expanding and opening a …
  지난 10년 동안의 괄목할 성장 덕분에 사업을 확장하면서 새로 지점을 열고자 합니다.

- We invite you to celebrate with us during the …
  참석해서 저희와 함께 축하해 주시기를 바랍니다.

- [Company's name] is pleased to announce the expansion of …
  [회사명]은 ~의 확장 사실을 발표하게 되어 기쁩니다.

- I am grateful for the four years I've spent working for the [old department name] but will be leaving this position as of [date].
  [옛 부서명]에서 4년간 일한 것에 대해 감사드리며 [날짜]를 기해 그만두게 됐습니다.

📍 이메일 제목

- Subject: Announcement of Opening/New Release/Expansion of Services
  제목: 개점 알림/신제품 출시/서비스 확대

- Subject: Notification of New Relocation/Changes
  제목: 사무실 이전 공지/변동

- Subject: Announcement of Meeting/Farewell Message
  제목: 회의 알림/이임 인사

✉ 미팅

Subject: Board of Directors Meeting

Dear [name],

This is to inform you that the board of directors will meet on Thursday, [date], at 1:00 p.m. in the [company name]'s BOD room at the Gangnam branch office. **New contracts for newly appointed directors will be discussed, and** other business that may come before the meeting will be acted upon. If you can't attend, please sign the enclosed waiver of notice.

For further information, please call [phone number].

Sincerely yours,

[Your name]

이사회가 [날짜] 목요일 오후 1시에 [회사명] 강남 지점 이사회 사무실에서 열립니다. 새로 선임된 이사에 대한 신규 계약이 논의되며, 필요한 다른 사업 안건에 대해서도 논의가 있을 예정입니다. 참석할 수 없는 경우 첨부한 불참 확인서에 서명하시기 바랍니다. 자세한 내용은 [전화번호]로 문의하십시오.

✉ 사무실 이전

Subject: Office Relocation

Dear [name],

I hope you and your colleagues are doing well! As of [date], [company name] will be moving to [building name], [address and phone].

Your continuing support during the past ten years enabled us to expand to our new office. **Attached is a map showing the new location.** Please visit while the paint's still fresh!

Sincerely,

[Your name]

모두 다 잘 지내시죠? [날짜]를 기해서 [회사명]가 새로운 [빌딩 이름][주소와 전화번호]로 이전함을 알립니다. 지난 10년 동안 귀사의 지속적인 지지에 힘입어 새 사무실로 확장할 수 있게 되었습니다. 새 사무실의 지도를 첨부합니다. 새 페인트가 아직 신선할 때 방문하십시오!

✉ 새로운 보직 이동

Subject: Farewell to a Great Client

Hi [name],

I am happy to announce that I will be joining the [new department name] at [company name] on [date] to apply my expertise for social media. I am grateful for the four years I've spent working for the [old department name] but will be leaving this position as of [date].

You as a client will be greatly missed. But, I am comforted to know that my colleague, [colleague's name], will take over my accounts, and so you will be in good hands.

Thank you so much for your trust in us, and if I can ever be of help to you, please let me know.

Sincerely,

[Your name]

[날짜]를 기해 [회사명] [새로운 부서명]에 합류하여 SNS를 활용하는 일을 맡게 되었습니다. 지난 4년간 [옛 부서 이름]에서 근무할 수 있어서 대단히 감사드리며, [날짜]를 기해 이직하게 되었음을 알립니다. 고객으로 모셨던 귀하가 많이 그리울 것입니다. 직장 동료인 [이름]이 제 관리 고객을 인수할 것이며 잘 처리해 줄 것으로 믿습니다. 그동안 보여주었던 귀사의 변함없는 신뢰에 감사드리며, 도움이 된다면 언제든지 연락주시면 기꺼이 돕겠습니다.

✉ 회사 기념식 행사

Subject: 25th Anniversary Celebration

Dear Valued Customer,

You are invited to the 25th anniversary of our opening! Join us at Springfield Plaza Friday evening, [date], from 7:00 to 9:00 p.m. for an evening of celebration.

We couldn't have made it 25 years without all of our loyal clients, and we hope to serve you even better during the next 25 years!

Best regards,

[Your name]

회사 창립 25주년 기념식에 귀하를 초대합니다! [날짜] 금요일 저녁 7시부터 9시까지 스프링필드 플라자에서 축하 만찬이 열리오니 오셔서 함께 축하해 주시기 바랍니다. 귀사와 같은 충실한 고객들이 없었다면 지난 25년을 버틸 수 없었을 것입니다. 또 다른 25년간 귀사를 더욱 잘 섬길 수 있기를 희망합니다!

✉ 부고

Subject: [Company name] Mourns the Loss of a Valued Employee

Dear [name],

It is with great sadness that we inform you of the passing of [deceased's name], marketing director of [company name]. [Deceased's name] passed away on Wednes- day evening, [passed away date] at his home. He was 59.

[Deceased's name] had been a valued member of our company since [work starting date] and will be greatly missed. Please keep [deceased's name]'s family in your thoughts as they go through this difficult time.

[Deceased's name]'s funeral will be held on [funeral date] at 8:00 a.m. at [funeral/church name], located at [address].

If you would like to attend the funeral service, please contact [phone number] or [funeral/church name].

Sincerely yours,

[Your name]

안타깝게도 [회사명]의 마케팅 이사로 일했던 [사망자]의 부고를 알려드리게 되어 유감입니다. [사망자]는 [날짜] 수요일 저녁에 별세하였습니다. 그는 향년 59세. [사망자]는 [출근일]부터 우리 회사의 소중한 일원이었으므로 우리 모두 그를 그리워할 것입니다. [사망자]의 가족이 어려운 시기를 겪고 있으니 마음으로 위로해 주시기 바랍니다. [사망자]의 장례식은 [장례일] 오전 8시 [주소]에 위치한 [장례식장/교회 이름]에서 거행됩니다. 장례식에 참석하려면 [전화번호] 또는 [장례식장/교회 이름]에 문의하시기 바랍니다.

확인/승인 Acknowledgments/Confirmations

현대인들은 이메일의 홍수 속에 살고 있다. 아침에 출근하여 이메일 계정을 열어보면 하루에도 수도 없이 많은 스팸메일이나 홍보성, 광고성 이메일이 넘친다. 아무리 기계적으로 걸러낸다고 해도 스팸메일은 교묘하게 방어벽을 뚫고 버젓이 받은 편지함에 들어가 있다. 불특정 다수에게 무차별적으로 보내지는 이런 메일들은 약간의 수고가 따르겠지만 쓰레기통에 보내면 된다.

하지만 회사의 고객이나 직접적인 거래 관계에 있는 사람, 직장 동료/상사로부터 이메일을 받게 되면 반드시 답장 메일을 보내야 한다. 메일을 읽고도 아무런 답장을 하지 않으면 상대방으로부터 '무시한다'는 오해를 받기 때문이다. 확인 이메일의 종류는 축하 이메일, 감사 이메일, 각종 기념일과 관련된 가벼운 이메일은 물론, 제품에 관한 문의나 고객 불만 등 매우 다양한 영역에 걸쳐 있으므로 빠르고 정확하게 답장하는 것이 좋다.

⦿ 확인 이메일 대상

- Congratulations 축하
- Condolences/Sympathy 애도/위로
- Invitations 초청
- Inquiries/Requests 문의/요구

- Documents/Reports/Files 서류/보고서/파일
- Orders 주문
- Payments 지불
- Proposals 제안서
- Reservations 예약

◎ 작성 요령

❶ 확인 이메일은 시간을 끌 이유가 없다. 받는 즉시 이메일을 확인했다고 회신한다.

❷ 어떤 점(문서/질의/초청 등)을 확인했는지를 분명히 언급한다.

❸ 필요하다면 확인 후 어떤 후속 조치를 취할지를 언급한다.

❹ 대략 언제쯤 구체적인 답변이 이뤄질 수 있을지 시기를 언급한다.

❺ 제3자가 답변해야 한다면 메일 전달과 함께 제3자가 답변할 것임을 언급한다.

◎ 내용 구성

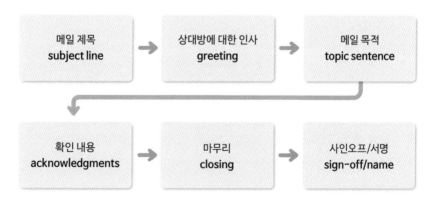

⊙ 많이 쓰는 단어

accept	endorse	reassure
acknowledge	ensure	receipt
appreciate	notice	reply
assure	notify	respond
confirm	reaffirm	settle

⊙ 많이 쓰는 표현

- This is to confirm that I have received your email.
  당신의 이메일을 받았음을 확인합니다.

- Our staff is dedicated to fulfilling your request as quickly as possible.
  당사의 직원은 귀하의 요청을 가능한 한 빨리 이행하기 위해 최선을 다하고 있습니다.

- Your goods will be shipped within eight (8) working days.
  주문한 상품은 영업일 기준으로 8일 이내에 배송될 것입니다.

- I would like some time to review my commitments before making my decision.
  (최종) 결정을 내리기 전에 제 임무에 대해 검토할 시간을 갖고 싶습니다.

- It will take several days/weeks to reach a decision, but …
  결정을 내리는 데 며칠/몇 주가 걸리겠지만.

- We have received a lot of applications in response to our advertisement, which means there may be a delay in our response.
  (채용) 공고 후 많은 지원자가 몰렸으므로 응답이 늦어질 수 있습니다.

- This letter is to confirm our understanding of the [event/conference name] to be held on …
  본 서한은 [날짜]에 개최될 예정인 [이벤트/회의명]을 확인하기 위한 것입니다.

⌖ 이메일 제목

- Subject: Email/Order Confirmation

  제목: 이메일/주문 확인

- Subject: Confirmation of Reservation and Travel Information

  제목: 예약 및 여행 정보 확인

- Subject: Thank You for the Kind Message

  제목: 따뜻한 메시지에 대한 감사

EXAMPLE

✉ 수신 확인

Subject: Email Confirmation

Dear [name],

This is to confirm that I have received your email. I will get back to you as soon as possible to address your concerns. Thank you for your understanding.

Best regards,

[Your name]

귀하의 이메일을 받았음을 확인합니다. 우려하는 (질의) 내용에 대해 가능한 한 빨리 답장을 드리겠습니다. 이해해 주셔서 감사합니다.

✉ 주문 확인

Subject: Order Confirmation

Dear [name],

Thank you for your order of [product name]. Your goods will be shipped within eight (8) working days.

Our [product name] is made to the highest quality at an affordable price. We are confident your customers will be very happy with this product.

With this order, would you like to include any of our souvenirs or sample products for your customers? Please refer to the catalog we sent earlier.

Thanks again for your order. We look forward to receiving your instruction on whether or not to include our souvenirs and other sample products.

Sincerely,

[Your name]

[상품명]을 주문해 주셔서 감사합니다. 주문하신 화물은 영업일 기준으로 8일 이내에 발송될 것입니다. 우리의 [제품명]은 저렴한 가격에도 최고 품질을 자랑합니다. 귀사의 고객들이 이 제품을 매우 좋아할 것이라고 확신합니다. 이 주문과 함께, 귀사의 고객들을 위한 별도 기념품이나 샘플 제품도 함께 주문하실 의향이 있는지 궁금합니다. 이전에 보내드린 카탈로그를 참고하십시오. 주문에 다시 한번 감사드리며, 우리 회사의 기념품과 다른 샘플 제품들을 주문에 포함할 것인지의 여부에 대한 답변을 기다리겠습니다.

✉ 초청 확인

Subject: Keynote Speaker Invitation

Dear [name],

Thank you for considering me to join the [conference name] as a keynote speaker. I would like some time to review my commitments before making my decision, so I will let you know next week.

Best regards,

[Your name]

[회의 이름]에 기조연설자로 참여하도록 배려해 주셔서 감사합니다. 수락 결정을 내리기 전에 정확한 제 임무를 검토할 시간이 필요합니다. 다음 주에 (수락 여부를) 알려드리겠습니다.

✉ 정보/자료 확인

Subject: Documents Received

Hi [name],

Thank you for the information you sent. It was exactly what I needed. The review process will take several days/weeks to reach a decision, but I'll contact you as soon as I can.

Sincerely,

[Your name]

보내주신 정보 감사합니다. 정확히 제가 필요로 하는 것입니다. 최종 결정을 위한 검토를 위해 며칠/몇 주가 걸리겠지만, 가능한 한 빨리 연락드리겠습니다.

미팅/인터뷰 약속 Appointments/Interviews

비즈니스를 하는 과정에서 거래처 사람들이나 직장 동료/상사와 미팅 혹은 회의를 위해 약속을 잡는 일은 흔하다. 때로 채용과 관련된 인터뷰 약속을 잡는 경우도 생긴다. 전화로 약속을 잡기도 하지만, 대부분 혼선을 피하기 위해 이메일을 통해 정확한 날짜와 시간, 장소 등을 정하곤 한다.

미팅 약속, 인터뷰 등을 위해 주고받는 이메일은 내용이 비교적 간단하다. 약속을 잡거나, 사정상 시간이나 장소를 변경 혹은 아예 미팅 일정을 취소하는 등의 내용이다. 하지만 잘 모르는 상대방에게 비즈니스 목적으로 처음 미팅 약속을 잡아야 한다면 간단한 일이 아니다. 상대방이 왜 시간을 내서 당신을 만나야 하는지를 설득해야 하기 때문이다.

미팅/인터뷰 약속 이메일 대상

- Meeting requests 미팅 요청
- Meeting confirmations 미팅 확인
- Meeting changes/postponements/cancellations 미팅 변경/연기/취소
- Interview confirmations 인터뷰 확인
- Event attendance 행사 참석

⊙ 작성 요령

❶ 서두에 왜 미팅 약속을 요청하는지 목적을 분명히 밝힌다.

❷ 시간과 약속 장소를 제시하되, 시간과 장소가 괜찮은지 상대방에게 확인한다.

❸ 이해하기 쉬운 용어로 최대 30단어를 넘지 않도록 가급적 짧게 쓴다.

❹ 상대방의 이름 스펠링과 문장에 오류가 없는지 여러 번 확인한다.

❺ 피드백을 위해 보내는 사람의 직장/직책과 연락처를 남긴다.

❻ 약속을 재차 확인하는 이메일은 약속일 하루 전에 보낸다.

⊙ 내용 구성

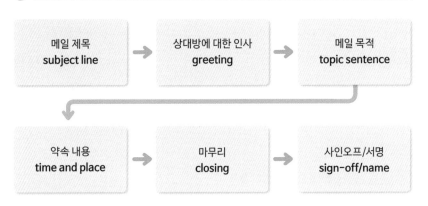

| 메일 제목 subject line | → | 상대방에 대한 인사 greeting | → | 메일 목적 topic sentence |

| 약속 내용 time and place | → | 마무리 closing | → | 사인오프/서명 sign-off/name |

⊙ 많이 쓰는 단어

accept	contact	notify
arrange	discuss	pleasure
confer	examine	postpone
consult	interview	review

많이 쓰는 표현

- I would like to confirm our meeting tomorrow [date] at 10 a.m.
  내일 [날짜] 오전 10시 회의를 다시 한번 확인하고 싶습니다.

- This is a friendly reminder to confirm your appointment.
  약속을 확인하기 위한 알림 메일입니다.

- Would it be possible to meet you at 3:00 p.m. on Thursday at your/ our office?
  목요일 오후 3시에 귀사/당사 사무실에서 만날 수 있습니까?

- Due to unavoidable circumstances, the [department name] meeting date has changed from …
  부득이한 사정으로 [부서명] 회의 일자가 [날짜]에서 [날짜]로 변경되었어요.

- When you arrive, please ask for me at reception on …
  도착하면 ～의 리셉션 데스크에서 저를 찾아주세요.

- I am writing to schedule a meeting to discuss what we talked about over our phone conversation we had yesterday.
  어제 전화 통화에서 이야기한 것에 대해 논의하기 위해 미팅 일정을 잡으려고 합니다.

- Please confirm whether this works for you or if you would like to suggest another time and place.
  일정이 적합한지 또는 다른 시간과 장소를 원하는지 확인해 주시기 바랍니다.

⊙ 이메일 제목

- Subject: Request for a Meeting/Interview
  제목: 미팅/인터뷰 요청

- Subject: Meeting Confirmation/Postponement
  제목: 미팅 확인/연기

- Subject: Canceled Meeting
  제목: 미팅 취소

✉ 미팅 약속 요청

Subject: Request for a Meeting

Dear [name],

I am writing to schedule a meeting to discuss what we talked about over our phone conversation we had yesterday. If the time works for you, I would like to meet at 1:30 p.m. on Thursday, [date] at your office.

Please confirm whether this works for you or if you would like to suggest another time and place. I look forward to our meeting.

Thank you,

[Your name]

어제 전화 통화에서 이야기한 내용을 논의하기 위해 미팅 일정을 잡으려고 합니다. 시간이 된다면 목요일 오후 1시 30분에 귀사에서 만나고 싶습니다. 시간과 장소가 괜찮은지 확인 부탁드립니다. 회의 시간과 장소를 바꾸고 싶다면 알려주시기 바랍니다. 만남을 고대합니다.

✉ 미팅 약속 확인

Subject: Meeting Confirmation

Dear [name],

I am writing to confirm your appointment with our marketing director, [marketing director's name]. Your appointment will take place at 10 a.m. on Friday [date] at our office in the [building name]. When you arrive, please ask for me at reception on the 2nd floor. I will escort you to [marketing director's name]'s office.

Best regards,

[Your name]

마케팅 담당 [이름] 이사와의 미팅 약속을 확인하기 위해 메일을 드립니다. 귀하께서는 금요일 오전 10시에 [건물명] 저희 사무실에서 약속이 잡혀 있습니다. 도착하면 2층 리셉션에서 저를 찾으시기 바랍니다. 제가 [이름] 이사님의 사무실로 안내하겠습니다.

✉ 미팅 약속 연기

Subject: Meeting Postponement

Hi everyone,

Due to unavoidable circumstances, the [department name] meeting date has changed from [previous date] at 11:00 am in room 12 to [new date] at 9:30 am in the same venue.

For questions, contact me anytime.

Best regards,

[Your name]

부득이한 사정으로 [부서명] 회의 날짜가 [이전 날짜] 오전 11시에서 [새 날짜] 오전 9시 30분으로 바뀌었습니다. 장소는 변동 없이 12호실에서 진행합니다. 궁금한 점이 있으면 언제든지 연락 바랍니다.

✉ 미팅 약속 취소

Subject: Canceled Meeting

Dear [name],

Due to some unforeseen circumstances, I'm forced to cancel our meeting, which was scheduled for [date]. I apologize for the short notice and any inconvenience this may cause. I will be more than happy to reschedule another meeting at a mutually acceptable date.

Best regards,

[Your name]

예기치 못한 사정으로 [날짜]에 예정되어 있던 회의를 부득이 취소하게 되었습니다. 촉박한 통보로 인해 불편함을 드려 미안합니다. 서로 수용 가능한 날짜에 다시 회의 일정을 잡도록 하겠습니다.

초청 Invitations

직장인이라면 어떤 비즈니스 행사와 관련해서 초청장을 보내거나 초청장을 받아본 경험이 꽤 있을 것이다. 거래 관계에 있는 사람들을 행사에 초청하는 것은 비즈니스 세계에서 빼놓을 수 없는 중요한 관행이며, 고객과 공급자 등과 친밀한 사업 관계를 다질 수 있는 기회로 활용된다.

◎ 초청 이메일 대상

- Business events 비즈니스 행사
- New product introductions 신제품 출시 행사
- New business openings 신사업 개시
- Sales 판매 행사
- Fundraising events 기금 모금 행사
- Exhibitions/Fashion shows/Trade shows 전시/패션쇼/무역 전시회
- Lunches/Dinners/Receptions/Cocktail parties 점심/저녁/리셉션/칵테일 파티
- Workshops/Seminars/Conferences/Webinars 워크숍/세미나/콘퍼런스/웨비나(화상회의)
- Cultural events/Concerts/Theater productions 문화 행사/콘서트/연극 공연
- Social organization events 사회단체 행사
- Holiday events 명절 행사

⊙ 작성 요령

❶ 초청 행사의 공식 명칭과 시간, 장소, 주소, 예상 행사 시간 등을 정확히 적시한다.

❷ 행사 참가자의 비용 부담이 있을 경우 명목과 액수를 분명히 밝힌다.

❸ 행사 참가 여부를 사전에 확인하기 위해 회신 필수(RSVP) 문구를 포함한다.

❹ 행사 참가 시 특정한 복장 규정이 있다면 반드시 사전에 알린다.

❺ 행사장 지도와 주차 정보 등 추가적인 내용은 파일로 첨부한다.

❻ 행사장에서 만나기를 원한다는 표현을 잊지 않는다.

⊙ 내용 구성

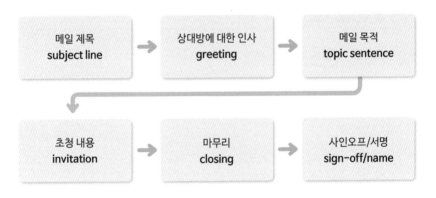

⊙ 많이 쓰는 단어

announce	enjoy	open
attend	greet	presence
bring	hope	request
celebrate	hospitality	respond
company	join	welcome

◎ 많이 쓰는 표현

- On behalf of [company name], I am honored to invite you to a luncheon with …
  [회사명]을 대표하여 귀하를 ~와의 오찬에 초대하게 되어 영광입니다.

- If you are unable to attend this meeting …
  만약 미팅에 참석하시지 못한다면,

- Kindly respond regarding your attendance on or before [date] …
  참석이 가능한지 [날짜] 전까지 알려주시기 바랍니다.

- Looking forward to seeing you at the [event name].
  [행사명]에서 귀하를 만나 뵙기를 고대하겠습니다.

- We have reserved seating for our loyal customers so please let us know if you are attending the event by …
  VIP 고객을 위한 좌석이 예약되어 있으므로 참석 가능 여부를 [날짜]까지 알려주시기 바랍니다.

- I know that our members will be thrilled to have you in attendance.
  당신이 참석하면 우리 회원들이 매우 기뻐할 것입니다

- If you are unable to personally join this meeting, delegate someone in your place from your department and make sure you prepare and update them with relevant information.
  본 회의에 개인적으로 참석할 수 없는 경우, 귀하의 부서에서 대리 참석자를 위임하고 관련 정보를 준비한 후 업데이트해 주시기 바랍니다.

◎ 이메일 제목

- Subject: Inaugural Ceremony/Fundraising Event
  제목: 취임식/기금 모금 행사

- Subject: Staff Meeting
  제목: 직원 모임
- Subject: Company Luncheon/Celebration
  제목: 회사 오찬/기념 행사

 tip 초청 문구 차이

☑ **Request the pleasure of your company (presence)** 결혼식 초청장, 비즈니스 행사
어떤 행사에 누군가를 공식적으로 초청할 때 정중한 표현으로 많이 사용된다. 일부에선 누군가 행사에 와주기를 너무나 간절하게 애걸한다는 식으로 해석된다면서 부정적 인식을 갖는 사람도 있다.

☑ **Request the honor of your presence** 결혼식 초청장에 쓰이며, 특히 결혼식이 교회 등 종교시설에서 진행될 때 사용된다. 일반 비즈니스 초청장에는 사용하지 않는 게 좋다.

EXAMPLE

✉ **비즈니스 개업식 행사 초청**

Subject: Inaugural Ceremony

Dear [name],

We would like to invite you to attend the [ceremony/event name] of our business located at Plaza Towers on [ceremony/event date] at [time]. It is our honor to have you as a loyal customer. We have planned a grand opening with special events, entertainment, and catering, and hope for your presence that day.

We have reserved seating for our loyal customers, so please let us know if you are attending the event by [RSVP date]. We look forward to continuing to serve you as a valued customer.

Sincerely yours,

[Your name]

귀하를 [시간] 플라자호텔에서 열리는 당사 [기념식/행사명]에 초대하고자 합니다. 귀하를 VIP 고객으로 모시게 되어 영광입니다. 특별 행사, 오락, 케이터링 서비스를 곁들인 성대한 개막 행사가 예정되어 있사오니 꼭 참석해 주시길 희망합니다. VIP 고객을 위한 좌석이 예약되어 있으므로 [RSVP 날짜]까지 참석 여부를 알려주시면 감사하겠습니다. 귀하를 소중한 고객으로 계속 모실 수 있기를 기대합니다.

✉ 비즈니스 세미나 행사 초청

Subject: Invitation to Speak at Annual Dinner

Dear [name],

[Company name] is a group of business-minded youths living in the [area name]. Each of our members started their businesses before age 20 from which they make a living. Having this in common, we gather to help achieve our goals together.

Among other things on your website, I appreciate one of your goals has to do with 'helping younger people succeed'. In this regard, I would to formally invite you to be the main speaker at our annual year-end dinner. This is scheduled for Saturday [date] at [place name]. I know that our members will be thrilled to have you in attendance.

Kindly confirm your attendance for the date. If you have any questions, I could be reached at [phone] or [email].

Sincerely,

[Your name]

[회사명]은 [지역명]에 살고 있는 비즈니스 마인드를 지닌 청년들이 모여 만든 회사입니다. 우리 회원들은 각자 20세 이전에 사업을 시작해서 운영하고 있습니다. 이런 공통점을 가지고 우리는 합심하여 함께 목표를 달성하기 위해 모임을 갖고자 합니다. 귀하의 웹사이트 내용 가운데 귀하의 목표 중 하나가 '젊은이들의 성공을 돕는 것'이라는 것을 발견하고 대단히 기뻤습니다. 이와 관련하여 정식으로 귀하를 연례 송년 만찬에서 기조 연설자로 초대하고 싶습니다. 송년 만찬은 [날짜] 토요일 [장소명]에서 열릴 예정입니다. 귀하가 참석한다면 우리 회원 모두가 기뻐할 것입니다. 해당 날짜에 참석이 가능한지 회신 바랍니다. 문의 사항이 있으면 [전화번호] 또는 [이메일]로 연락 주시기 바랍니다.

✉ 비즈니스 미팅 초청

Subject: Staff Meeting

Dear [name],

I would like to inform you that our monthly staff meeting will be held on [date] at [location].

I have attached the plan, but please feel free to add any items by replying to this email at the latest by [deadline date].

If you are unable to personally join this meeting, delegate someone in your place from your department and make sure you prepare and update them with relevant information.

Best regards,

[Your name]

월례 직원 회의는 [날짜]에 [장소]에서 개최됨을 알려드립니다. 회의계획서를 첨부합니다만, 추가할 내용이 있다면 기탄없이 [마감 날짜]까지 이메일 회신으로 알려주시기 바랍니다. 개인적으로 회의에 참석할 수 없다면 소속 부서에서 대리 참석자를 위임해 주시고, 관련 정보를 준비하고 업데이트해 주시기 바랍니다.

✉ 비즈니스 식사 초청

Subject: Company Luncheon

Dear [name],

On behalf of [company name], I am honored to invite you to a luncheon with all the senior employees, team members, and other staff members.

I request you to confirm your attendance by [date] at the latest so that we make appropriate reservations.

Looking forward to seeing you at this luncheon.

Sincerely,

[Your name]

[회사명]을 대표하여 모든 선배 직원, 팀원 및 다른 직원들과의 오찬에 귀하를 초대하게 되어 영광입니다. 예약에 필요하오니 늦어도 [날짜]까지 참석 여부를 확인해 줄 것을 요청합니다. 오찬 모임에서 뵙기를 고대하겠습니다.

소개 Introductions

비즈니스를 하면서 고객이나 협력업체, 직장 내 다른 부서 상사/직원에게 자신 혹은 다른 사람을 소개하기 위해 전화 통화를 하거나 이메일을 보내야 할 때가 있다. 만난 적도 없는 상대방에게 자신을 소개하는 것은 쉽지 않은 일이다. 때문에 친한 관계의 사람이 이메일을 통해 중간에 다리를 연결해 주면 한결 수월하게 다가갈 수 있다.

소개의 대상은 자신의 일을 새로 맡게 될 후임자, 사업 관계로 맺어진 사람, 직장 상사/동료 등이 될 수도 있고 때로는 스스로를 소개해야 하는 경우도 있다. 사람뿐만 아니라 새로운 제품이나 서비스 등을 소개할 때도 소개 이메일은 유용하게 활용된다.

⊙ 소개 이메일 대상

- Introducing people 사람 소개
- Introducing new employees to clients 고객에게 신입사원 소개
- Introducing team members to clients 고객에게 팀원 소개
- Introducing business associates 사업 동료 소개
- Introducing new products or services 새 제품 혹은 새 서비스 소개
- Informing clients to their new contact person 고객에게 새 담당자 소개
- Introducing yourself to clients 고객에게 본인 소개

⊙ 작성 요령

❶ 제목은 짧게, 눈길을 끌어낸다.

❷ 사람을 소개할 때는 소개할 사람의 이름, 직함, 직무 등을 명확하게 전달한다.

❸ 학연, 지연, 과거 인연 등 소개할 사람과 소개받는 사람 간의 공통점을 언급한다.

❹ 소개할 사람과 당신이 어떻게 아는 사이인지를 밝힌다.

❺ 소개받는 사람에게 소개할 사람을 알아야 할 좋은 이유를 제시한다.

❻ 두 사람의 만남을 주선해야 한다면 소개할 사람의 전화번호, 이메일 등 연락처를 알려주거나, 반대로 소개받는 사람에게 연락처를 알려줘도 되는지 양해를 구한다.

❼ 이메일 마지막에는 소개할 사람과 좋은 인연을 맺기를 기원한다.

⊙ 내용 구성

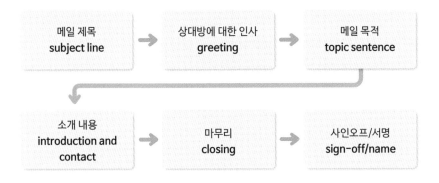

| 메일 제목 subject line | → | 상대방에 대한 인사 greeting | → | 메일 목적 topic sentence |

| 소개 내용 introduction and contact | → | 마무리 closing | → | 사인오프/서명 sign-off/name |

⊙ 많이 쓰는 단어

acquaint	colleague	introduce
advocate	connections	mutual
associate	favor	notify
benefit	hospitality	pleasure
character	interesting	recommend

◉ 많이 쓰는 표현

● I'd like to introduce you to the new person who will be dealing with …
앞으로 ~ 일을 맡게 될 새로운 사람을 소개하고자 합니다.

● I'm sure you would not regret meeting [name].
[사람 이름]을 만난 것을 후회하지 않을 것이라고 확신합니다.

● I'll appreciate any hospitality you can offer [name].
[사람 이름]에게 베풀 수 있는 어떤 호의라도 감사하게 생각하겠습니다.

● I've known him/her for many years. He/She is one of my longtime friends.
그/그녀를 꽤 오랫동안 알고 지냅니다. 그/그녀는 제 오랜 친구 중 한 명입니다.

● I recommend you two find some time to talk on the phone.
두 사람이 통화할 시간을 좀 갖기를 권합니다.

● We are all confident that [name] will take on his/her new responsibilities with the same enthusiasm and professionalism he/she has shown so far.
[사람 이름]이 지금까지 보여준 것과 같은 열정과 전문성으로 새로운 임무를 완수할 것을 우리 모두 확신하고 있습니다.

● Feel free to contact her at [email] and say I recommended you contact her.
[이메일]로 연락하여 제가 연락할 것을 권했다고 그녀에게 편하게 이야기하세요.

---

 tip 상대방에게 처음 메일을 보내는 경우

최근 만나서 이야기를 나눈 적이 있다면 그것을 화두로 꺼내라.

● About our recent discussion …
최근 나눴던 대화와 관련하여

- I met you a month ago at [name of place].

  [장소]에서 한 달 전에 귀하를 만났었습니다.

- The business proposal we discussed yesterday …

  어제 논의했던 비즈니스 제안서와 관련하여

- Following-up on our chat …

  말씀 나눴던 내용에 이어서 ∼

콘퍼런스에서 본 적이 있다면 그것을 화두로 꺼내라.

- Great meeting you at [conference name].

  [콘퍼런스 이름]에서 만난 적이 있습니다.

- I enjoyed your presentation at [conference name].

  [콘퍼런스 이름]에서 얼굴 뵌 적이 있습니다.

- I enjoyed our conversation at [conference name].

  [콘퍼런스 이름]에서 대화를 나눈 적이 있었습니다.

- It was nice meeting you at [conference name].

  [콘퍼런스 이름]에서 뵈어서 좋았습니다.

회의에서 함께 자리한 적이 있다면 그것을 화두로 꺼내라.

- It's [your name], we met at [meeting name].

  [회의 이름]에서 뵈었던 [사람 이름]입니다.

- Great chatting with you at [meeting name].

  [회의 이름]에서 이야기를 나눌 수 있어서 대단히 좋았습니다.

- I enjoyed sharing ideas at [meeting name].

  [회의 이름]에서 나눴던 아이디어는 좋았습니다.

- Met you at [meeting name].

  [회의 이름]에서 만났었습니다.

여러 명의 식사 자리에서 본 적이 있다면 그것을 화두로 꺼내라.

- Always good to discuss business over lunch.
  점심 식사 때 비즈니스를 논의하는 것은 언제나 즐거운 일입니다.

- Let's pick up where we left off at yesterday's dinner.
  어제 만찬에서 중단됐던 부분에서 다시 이야기를 시작하고자 합니다.

- The one thing I learned from you at [restaurant name] …
  [식당 이름]에서 귀하로부터 배운 점이 하나 있다면

- It was a great coincidence to meet you at dinner.
  저녁 식사에서 귀하를 만난 것은 대단한 우연이었습니다.

제품/서비스를 소개하는 경우

- I'm recommending a [product/service name] you might find helpful.
  귀하에게 도움이 될 것으로 보이는 제품/서비스를 권하고자 합니다.

- Here is a useful app or tool that might assist you.
  귀하를 도울 유용한 앱/도구가 바로 이것입니다.

- Contact me if you want me to introduce you to [product/service].
  제품/서비스 소개를 원하신다면 저에게 연락 주시기 바랍니다.

- This is a [product/service] that I find helpful.
  이것이 제가 도움이 된다고 생각하는 제품/서비스입니다.

전혀 만난 적이 없는 경우

- I'm new to the [company name], and I wanted to say hello!
  귀사는 처음입니다. 인사드리겠습니다.

- I am new to the department. Let me introduce myself.
  이 부서는 처음입니다. 제 소개를 할까 합니다.

- We've never met, but 만난 적이 한 번도 없지만.
- You don't know me, but 저를 모르시겠지만.
- I'm a complete stranger, but 완전히 모르는 사이지만.

⊙ 이메일 제목

- Subject: Contact Introduction
  제목: 연락처 소개

- Subject: Introducing Our New Sales Director
  제목: 새 영업 이사 소개

- Subject: Request for Meeting
  제목: 미팅 요청

EXAMPLE

✉ 지인 소개

Subject: Introducing [Contact's name]

Hi [name],

[Contact's name] of [company name] will be in Seoul on [date], and I've given her my card to present to you. I am sure that [contact's name] is working on something that may solve your problem.

Regards,

[Your name]

[회사명]의 [사람 이름]이 [날짜]에 서울에 있을 예정인데, 귀하와 만나보도록 제가 소개했습니다. 이 사람이 귀하의 문제를 해결할 수 있는 적임자라고 확신합니다.

✉ 후임자 소개

Subject: Introducing Our New Sales Director

Dear [name],

I am pleased to announce that [new sales director's name] is [company name]'s new sales director. He/She graduated from [university name] and has been with [old company name] for fourteen years.

We are all confident that [new sales director's name] will take on his/her new responsibilities with the same enthusiasm and professionalism he/she has shown so far.

Please feel free to reach out to [new sales director's name] via email at [email address] or call him/her directly at [phone]. He/she will be happy to answer any questions you might have.

Sincerely,

[Your name]

[사람 이름]이 [회사명]의 새 영업 이사를 맡게 되었다는 사실을 알리게 되어 기쁩니다. 그/그녀는 [대학]을 졸업하고 [옛 회사명]에서 14년 동안 근무했습니다. 우리는 [새 영업 이사]가 지금까지 보여준 것과 같은 열정과 전문성으로 새로운 책임을 완수할 것이라고 확신합니다.

[이메일 주소]를 통해 연락하거나 [전화번호]로 편하게 직접 전화해도 좋습니다. 그/그녀는 어떤 질문에도 기꺼이 대답해 줄 겁니다.

✉ 제3자로부터 소개를 받은 후

Subject: Request for Meeting

Dear [name],

My name is [your name], and I work for a tech recruiting firm called [recruiting name].

[Mutual contact's name] recommended I contact you. I'd love to tell you more about a service product we're launching. I'd be happy to come by your office to discuss any questions you may have. Are you available for coffee next Wednesday?

Sincerely,

[Your name]

기술 채용을 전문으로 하는 [리쿠르팅 회사]에서 일하는 [이름]입니다. [서로 아는 사람 이름]의 추천을 받고 귀하에게 연락드리는 겁니다. 우리가 출시하는 서비스 제품에 대해 더 자세하게 알려드렸으면 합니다. 혹시 문의 사항이 있다면 귀하의 사무실에 들러서 상의했으면 합니다. 다음 주 수요일에 커피 한 잔 어떨까요?

✉ 메일로 두 사람을 동시에 소개

Subject: Introductions

Hi [recipient A] and [recipient B],

I've told each of you about each other already.
[Recipient A] – [Recipient B] is running a small business in Seoul.
[Recipient B] – [Recipient A] is running the PR department which overseas over a dozen tech companies.

I recommend you two find some time to talk on the phone and have [recipient A] explain what he's doing to [recipient B]. [Recipient A], can you suggest some times that may work for you to [recipient B] and his assistant?

Thanks!

[Your name]

이미 서로에 대해 이야기해서 잘 알 것입니다. [A씨], [B씨]는 현재 서울에서 소규모 사업체를 운영하고 있습니다. [B씨], [A씨]는 10여 개 이상의 기술 기업에서 해외 홍보 부서를 운영하고 있습니다. 두 분이 통화할 시간을 냈으면 좋겠습니다. [A씨]에게는 [B씨]에게 본인이 하고 있는 업무를 설명하라고 말했습니다. [A씨], [B씨]와 그의 비서에게 가능한 미팅 시간을 알려주시겠습니까?

마케팅/세일즈/프로모션 Marketing/Sales/Promotions

인터넷의 발달로 가장 큰 변화를 실감한 곳 중 하나는 마케팅/세일즈/프로모션/홍보 분야일 것이다. 과거에는 광고나 전단지 등 일방적인 마케팅만 가능했지만, 지금은 이메일과 SNS를 통해 고객과 직접 소통하고 제품/서비스를 소개할 수 있어서 마케팅 활동 반경이 더 넓어졌기 때문이다.

지금도 광고나 미디어를 통한 홍보는 마케팅에서 빼놓을 수 없는 중요한 수단이다. 하지만 이메일 마케팅이 더해지면서 회사가 직접 고객에게 소식을 전하고, 피드백을 받아볼 수 있으며, 뉴스레터나 온라인 비디오 등을 활용하는 복합적인 전략 짜기가 가능해졌다.

이메일 마케팅/세일즈의 가장 큰 장점은 회사가 직접 고객과 양방향으로 의사소통을 할 수 있게 되었다는 점이다.

⊙ 마케팅/세일즈/프로모션 이메일 대상

- Introducing new products/services 신제품/서비스 소개
- Memberships/New accounts 회원제 가입/새 계정
- Questionnaires/Surveys 설문지/설문조사
- Social promotions/Sales/Free services 프로모션/판매/무료 서비스
- Trial offer for products/programs/services 제품/프로그램/서비스 무료 이용

- Asking for meetings/appointments 미팅/약속 요청
- Follow-up inquiries/sales letters 문의/판촉 편지 후속 관리

⊙ 작성 요령

❶ 제목과 첫 문장에서 상대방의 주목과 관심을 이끌어낸다.

❷ 명확하고 누구나 이해할 수 있는 단어와 문장으로 읽기 쉽게 만든다.

❸ 긴 내용은 읽지 않는다. 비디오나 블로그 등 시각적 자료를 적극 활용한다.

❹ 너무 많은 정보를 담으려 하지 말고 한두 개의 핵심적인 내용을 강조한다.

❺ 'We', 'I'보다 'You', 'Your'로 시작하는 문장이 더 효과적이다.

⊙ 내용 구성

| 메일 제목 subject line | → | 상대방에 대한 인사 greeting | → | 메일 목적 topic sentence |
| 마케팅/세일즈 내용 marketing/sales | → | 마무리 closing | → | 사인오프/서명 sign-off/name |

⊙ 많이 쓰는 단어

all-new	exceptional	invaluable	premium	substantial
attractive	guaranteed	limited	productive	super
brand-new	high-quality	low-priced	reliable	trial
convenient	hurry	money-making	reward	urgent
effective	innovative	opportunity	satisfaction	valuable

📍 많이 쓰는 표현

- This is the perfect product for your company.
  귀사를 위한 완벽한 제품입니다.

- This offer is available until [deadline].
  제안은 [마감 시한]까지 유효합니다.

- We've helped plenty of companies just like yours.
  귀사와 유사한 많은 기업에 도움을 주었습니다.

- Sign up for your first month now and save 10% as an introductory offer.
  지금 첫 달 등록 후 신규 고객에게 제공하는 10% 할인을 받으세요.

- Act now/Limited-time offer.
  지금 바로 가입하세요./한시적 제안입니다.

- Our biggest sale of the year.
  일 년 중 가장 큰 세일입니다.

- Our products have arrived and now shipping.
  제품이 도착해서 현재 배송 중입니다.

- Try out our product for yourself with a free trial.
  무료 체험을 통해 우리 제품을 직접 사용해 보십시오.

- Grab your FREE download!
  무료 다운로드를 놓치지 마세요!

- Subscribe now.
  지금 구독 신청하세요.

📍 이메일 제목

- Subject: Enjoy 3 Holiday Drinks, Get Another Free
  제목: 휴일 음료 3잔+무료 1잔

- Subject: Deal of the Day!

  제목: 최고의 거래!

- Subject: Save up to 52% – Offer Ends Tomorrow

  제목: 52%까지 할인 – 제안 내일 마감

✉ **Best Buy 프로모션**

Subject: Deal of the Day!

Great deals. Every day.

Don't miss out on today's deals. Offer valid only on [date].

매일 최고의 거래. 오늘의 거래를 놓치지 마세요. 특별 제안은 [날짜]까지만 유효합니다.

✉ **The Guardian 프로모션**

Subject: Save up to 52% – Offer Ends Tomorrow

In addition to the solid 52% discount on the annual subscription, limited to 24 hours, you have an extra incentive: two newspapers (The Guardian and The Observer – the sister newspaper published on Sundays) at a single price.

연간 구독료를 52%까지 절약할 수 있는 최대 할인 혜택. 단 24시간만 유효. 확실한 할인 혜택 외에도 하나의 가격으로 《가디언》과 〈옵저버〉 – 일요일에 발행되는 자매 신문 2개를 구독할 수 있는 추가 인센티브를 받을 수 있습니다.

사후관리 Follow-Ups

비즈니스를 하는 과정에서 사후관리 이메일은 매우 중요하다. 비즈니스를 성사시키려면 일회성 메일로 끝나는 것이 아니라 지속적인 관리가 필요하기 때문이다.

특히 마케팅이나 세일즈 이메일에 대한 결과로 고객이 상품/서비스와 관련해서 관심을 보이거나, 더 구체적인 정보를 필요로 하거나, 혹은 실제 주문이 이뤄졌다면 그 다음 단계로 넘어가기 위한 수단으로 사후관리 이메일은 아주 중요하다. 앞서 보낸 이메일에 대한 답이 없을 때 사후관리 이메일을 통해 상대방에게 다시 한번 상기시킬 필요가 있다.

사후관리 이메일 대상

- Response to an inquiry 질의에 대한 답변
- Follow up to a sales call 판매 전화 통화 후속 관리
- Appreciation and acknowledgments 감사와 사은
- Follow up to an unanswered email/letter 미 회신 이메일/편지 후속 관리
- Receiving a sales referral 판매처 소개에 대한 후속 관리
- Reminder of an appointment/meeting/deadline 약속/미팅/마감 시한 확인

⊙ 작성 요령

❶ 'I haven't heard from you', 'I wanted to remind you' 등 서두에 팔로업 이메일을 쓰는지 이유를 밝힌다.

❷ 앞서 보낸 이메일의 내용을 다시 한번 언급한다.

❸ 구체적으로 상대방에게 어떤 행동을 기대하는지를 분명하게 밝힌다.

❹ 시간을 할애해서 이메일을 읽어준 데 대해 감사를 표현한다.

❺ 상대방으로부터 답변, 계약, 주문 등 향후 벌어질 사항을 긍정적인 내용으로 마무리한다.

⊙ 내용 구성

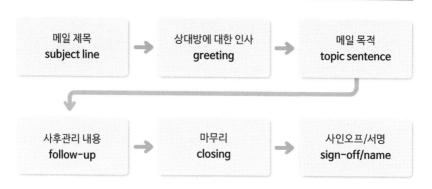

메일 제목
subject line
→
상대방에 대한 인사
greeting
→
메일 목적
topic sentence

사후관리 내용
follow-up
→
마무리
closing
→
사인오프/서명
sign-off/name

⊙ 많이 쓰는 단어

acknowledge	notify	reply
confirm	prompt	response
feedback	remember	review
inform	remind	suggest
mention	repeat	summarize

⊙ 많이 쓰는 표현

● It occurred to me that I haven't received confirmation that you received the report emailed on [date].

[날짜]에 이메일로 보고서를 보내드렸는데, 받았는지의 여부에 대한 회신을 받지 못했습니다.

● Just a note to see if you received the message I left for you on Friday.

금요일에 제가 남긴 메시지를 받았는지 확인하고자 합니다.

● I just want to make sure you're aware of …

～ 에 관해 알고 계신지 확인하고 싶어서요.

● Thank you for your inquiry concerning our …

～ 에 관한 귀하의 질의에 감사드립니다.

● I'm wondering if you received my email on …

～ 날짜에 보내드린 이메일을 받았는지 궁금해서요.

● I've come across your website, and I thought you'd be interested in our design.

우연히 귀하의 웹사이트를 방문했는데, 우리 회사의 디자인에 관심이 있을 것 같아서요.

● We are very interested in having you present your recent work in our seminar group.

귀하를 초대하여 우리의 세미나에서 최근 업무를 발표해 주실 수 있는지 궁금합니다.

● Let me know if you are interested! Otherwise, I would love your feedback.

관심이 있으면 알려주십시오! 그냥 피드백을 보내주셔도 좋습니다.

● Our discussion confirmed my interest in cooperation with your company.

귀하와 논의해보니 귀사와의 협력이 더욱 필요하다는 확신이 들었습니다.

⊙ 이메일 제목

- Subject: Inquiry
  제목: 문의

- Subject: Invitation
  제목: 초청

- Subject: Potential Collaboration
  제목: 협업 가능성

EXAMPLE

✉ 질의에 대한 답변

Subject: Printer Inquiry

Dear [name],

Thank you for your inquiry concerning our Samsung printer. The design you are inquiring about may be seen by going to our website Samsung. com and searching by the [design name].

You can place an online order on our website. We look forward to supplying you with the world's best quality printer.

Best regards,

[Your name]

삼성프린터에 대해 문의해 주셔서 감사합니다. 문의하신 디자인은 우리 회사 웹사이트, Samsung. com을 방문해서 디자인 이름으로 검색하시면 필요한 정보를 확인하실 수 있습니다. 웹사이트에서 직접 온라인으로 주문이 가능합니다. 귀하를 고객으로 모시기를 원하며 세계 최고 수준 품질의 프린터를 경험하시기를 바랍니다.

✉ 처음 보낸 메일을 다시 상기시킬 때

> **Subject:** Design Ideas
>
> Hi [name],
>
> I'm [your name] from [design company name].
>
> I sent you an email last week about interior design styles that could be useful for your new business. I've come across your website, and I thought you'd be interested in our design.
>
> You can take a look at the various interior design styles here: [hyperlink]
>
> Let me know if you are interested! Otherwise, I would love your feedback.
>
> Regards,
>
> [Your name]

지난주에 귀사의 신사업에 도움이 되는 인테리어 디자인 스타일에 관해 메일을 보내드렸습니다. 우연히 귀사의 웹사이트를 방문했는데, 우리 회사의 디자인에 관심이 있으리라 생각했습니다. 이곳 웹사이트를 방문하시면 우리 회사의 다양한 인테리어 디자인 스타일을 살펴보실 수 있습니다: [하이퍼링크]. 관심이 있으시다면 알려주십시오! 그냥 피드백을 주셔도 감사합니다.

✉ 미팅 후 후속 조치

> **Subject:** Book Recommendation
>
> Hi [name],
>
> It was great meeting you at yesterday's dinner. You mentioned during dinner that you're trying to revamp [company name] next quarter, and I thought of you when I came across this book which I used to exceed my

own target goals.

The book is called [name of book], and I just sent you the ebook Kindle version of it. Hope it's useful!

Happy to discuss the book or my approach if you'd like.

Regards,

[Your name]

어제 저녁 식사에서 만나 뵈어서 좋았습니다. 식사 중에 다음 분기에 [회사명]을 쇄신하겠다고 말씀하셨는데, 제가 목표했던 바를 초과 달성했을 때 많이 활용했던 이 책이 생각나서 연락드리게 되었습니다. 책 이름은 [이름]이며, e북 킨들 버전을 방금 보내드렸습니다. 도움이 되시기를 바랍니다. 책에 관해서도 좋고 제 접근 방식에 대해서도 좋습니다. 한번 뵙고 논의했으면 합니다.

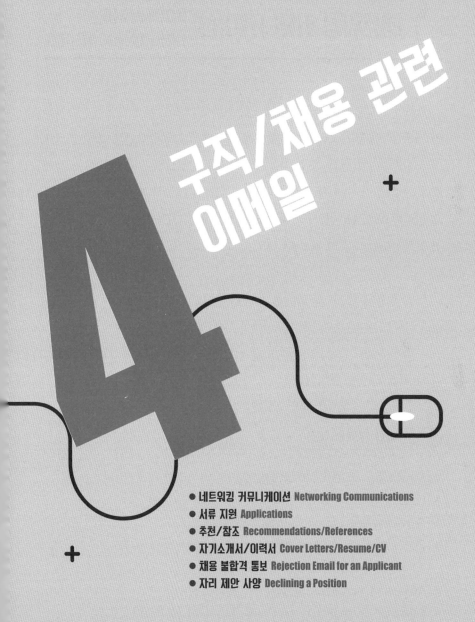

4

구직/채용 관련 이메일

- 네트워킹 커뮤니케이션 Networking Communications
- 서류 지원 Applications
- 추천/참조 Recommendations/References
- 자기소개서/이력서 Cover Letters/Resume/CV
- 채용 불합격 통보 Rejection Email for an Applicant
- 자리 제안 사양 Declining a Position

네트워킹 커뮤니케이션 Networking Communications

현대사회에서 구인/구직 활동은 복합적으로 이뤄진다. 과거에는 대기업들이 일 년에 한 번 혹은 두 번 대규모 공개 채용을 진행하면 채용 기간에 지원하고 서류심사와 실기, 면접 등을 통과한 후 '공채 ○기' 식으로 채용되는 사례가 많았다. 하지만 최근의 트렌드는 기업들이 대규모 공개 채용보다는 필요 인력이 생길 때마다 시도 때도 없이 채용하는 상시 채용으로 채용 전략을 바꾸면서 구인/구직과 관련된 인적 네트워킹의 중요성이 더욱 커지고 있다.

특히 공채 개념이 없는 외국계 회사들은 회사 내부인 혹은 비즈니스 관계로 엮여 있는 외부 지인들의 추천을 통해 필요한 인재를 영입하는 사례가 많다. 그래서 평소에 네트워킹을 만들고 이를 지속적으로 관리하는 일은 구직 활동에서 성공의 지름길로 꼽힌다.

◎ 네트워킹 이메일 대상

- Networking with potential employers 잠재적 고용주(채용 담당자)와의 네트워킹
- Collecting job or career information 채용 및 경력 정보 수집
- Providing referrals and introductions 추천 및 소개
- Requesting an exploratory or informational interview 탐사 또는 정보 수집 인터뷰 요청
- Attracting recruiter's interest 헤드 헌터의 관심 유도
- Following up an inquiry/previously sent email 문의/앞서 보낸 메일 후속 관리

작성 요령

❶ 이메일을 받는 상대방의 이름 철자(스펠링), 직함을 여러 번 확인한다.

❷ 이메일 제목에 네트워킹을 위한 것임을 간결하게 명시한다.

❸ 구직에 대한 정보가 필요한지, 추천서를 써달라는 것인지, 누구를 소개해달라는 것인지 상대방에게 의도를 분명히 밝힌다.

❹ 상대방과 만난 적이 없다면 자신의 직업, 경력, 교육 등 배경을 먼저 설명한다.

❺ 상대방이 연락할 수 있도록 전화번호와 이메일 주소를 적는다.

❻ 이메일을 읽어준 데 대해 감사의 마음을 전한다.

❼ 향후 네트워킹을 구축/지속하기를 기대한다는 말을 잊지 않는다.

내용 구성

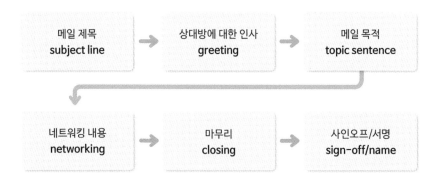

많이 쓰는 단어

activated	enabled	launched	revamped
built	engineered	obtained	solved
completed	envisioned	organized	succeeded
created	increased	reorganized	transformed
demonstrated	initiated	restructured	won

⊙ 많이 쓰는 표현

- [Name] recommended you as a good person to ask about the work climate at [company's name].
  [추천인]이 귀하를 통하면 [회사 이름]의 기업 분위기를 확인할 수 있다고 했습니다.

- I wanted to reach out to tell you how much I need the job.
  제가 얼마나 그 자리를 필요로 하는지 말씀드리고자 연락하게 되었습니다.

- I told [name] you may call, so if you mention my name, he/she will know.
  [사람 이름]에게 귀하가 전화할 것이라고 이야기했으니까 제 이름을 말하면 그/그녀는 알 겁니다.

- I am more than grateful for the time you spent reviewing my resume.
  시간을 내어 제 이력서를 읽어봐 주셔서 대단히 감사합니다.

- I'm more than happy to meet you wherever is best for you.
  귀하의 편한 시간에 얼굴을 뵐 수 있으면 좋겠습니다.

- I appreciate the assistance you have provided me.
  제게 도움을 주신 데 대해 감사드립니다.

⊙ 이메일 제목

네트워킹의 목적을 명확하게 밝히는 간결한 제목이 좋다.

- Subject: Friend of [Name] Who Needs Your Advice
  제목: [사람 이름] 친구로 귀하의 조언이 필요합니다

- Subject: Fellow [Industry Name] Professional Who Needs Your Advice
  제목: [산업 분야] 전문가로 귀하의 조언이 필요합니다

- Subject: [Name] Recommended We Speak/Meet
  제목: [추천인]이 귀하와의 대화/미팅을 권유했습니다

✉ 과감한 네트워킹 요청

Subject: Networking Request

Dear [name],

I hope you're having a great week!

My name is [your name], and I work as a product marketing manager at [company name]. I became familiar with your work when I read the news story about you, and I wanted to reach out to tell you how much I admire your accomplishments.

If you're open to it, I'd love to grab coffee (or connect on Linkedin) to get the chance to learn more about your experiences.

Really looking forward to connecting with you.

Sincerely,

[Your name]

제 이름은 [이름]이고 [회사명]에서 제품 마케팅 매니저로 일하고 있습니다. 기사를 읽으면서 귀하에 대해 잘 알게 되었고 업적에 존경을 표합니다. 시간이 허락되신다면 직접 만나 뵙거나 링크드인을 통해 귀하의 경험에 관해 더 많은 것을 알고 싶습니다. 꼭 연결이 되기를 고대합니다.

✉ 과거 만났던 인연을 활용한 네트워킹 구축

Subject: Sharing a Resource

Dear [name],

It was so nice to meet you at the [event name] and chat about student mobility. After our conversation, I found this article about European universities' student recruitment strategies. I thought you'd find it interesting and informative, so I figured I'd share it with you.

Again, I really enjoyed meeting you and I'm looking forward to keeping in touch. **Don't hesitate to reach out if** you want to get together and bounce around more ideas about student mobility. Let's meet up soon!

Wishing you the best,

[Your name]

[이벤트]에서 만나서 학생 유학에 대해 이야기를 나눌 수 있어서 너무 좋았습니다. 대화를 나눈 뒤 유럽 대학교의 학생 모집 전략에 관한 이 기사를 찾았습니다. 재미있고 귀하에게 유용할 것으로 판단되어 기사를 공유합니다. 다시 한번 만나서 정말 즐거웠고 앞으로도 계속 연락하길 기대하고 있습니다. 학생 유학 문제에 대해 협의할 게 있으면 언제든지 연락 주세요. 곧 만나 뵙기를!

✉ 지인의 소개를 활용한 네트워킹 구축

Subject: [Name] Recommended We Connect

Hi [name],

My name is [your name], and I am a good friend with [name of mutual acquaintance], who passed along your contact details to me.

[Name of mutual acquaintance] mentioned that we shared a passion for marketing car sales and said you'd be a great person to get to know! So, I thought I'd reach out, introduce myself, and let you know that **I'd love to find out more about your professional experience with sales.**

Looking forward to connecting, [name]!

All the best,

[Your name]

제 이름은 [이름]이고, [서로 아는 지인]의 친구입니다. 귀하의 연락처는 친구로부터 받았습니다. [지인]에 따르면 둘 다 자동차 판매 마케팅에 열정을 갖고 있어 서로 만나 보면 좋을 거라고 해서 제 소개를 위해 연락드립니다. 언제 시간이 된다면 영업에 대한 귀하의 전문적인 경험을 자세히 알고 싶습니다. 꼭 연결됐으면 합니다.

✉ 비즈니스 자문 요청을 통한 네트워킹 구축

Subject: Professional Advice

Dear [name],

My name is [your name], and I run [company name], a new company that produces and distributes right here in [location]. I am relatively new to the pet product business and still learning my way around as I develop [company name].

I know you have a lot of experience in this field, and it would be great to sit with you and learn about the industry, as well as the "do's and don'ts" as I get started.

Please let me know if you're free over the next couple of weeks for coffee.

Sincerely,

[Your name]

저는 [이름]이고, 이 지역에서 새로 생산과 유통을 담당하는 [회사 이름]을 운영하고 있습니다. 저로서는 애완동물용품 사업이 비교적 생소한 분야이고, 많이 배워나가고 있습니다. 듣기로는 귀하가 이 분야에서 많은 경험을 갖고 있는 것으로 압니다. 만나서 이 사업 분야에서 해야 할 것과 하지 말아야 할 것에 대해 커피 한 잔 마시면서 귀하의 경험을 배우고자 합니다. 언제 시간이 괜찮은지 알려주시기 바랍니다.

서류 지원 Applications

　　인터넷의 발달로 이제는 거의 대부분의 기업들이 온라인 혹은 이메일을 통해 서류 접수와 선발 전형을 진행하고 있다. 기업들은 채용에 관한 공모를 온라인으로 진행하고 지원자들도 이력서와 자기소개서 등을 작성해서 온라인으로 접수한다.

　　이 과정에서 이메일은 기업과 지원자를 직접 연결해 주는 편리하고 좋은 커뮤니케이션 수단으로 각광을 받고 있다. 하지만 즉답적이고 비대면적인 특성 탓에 예기치 않은 실수가 발생할 수 있으므로 조심해서 해야 한다.

　　특히 채용 담당자들은 비대면 상황에서 이메일에 담긴 내용이나 이력서, 자기소개서 등을 토대로 지원자의 자질이나 성격 등을 파악하는 경향이 강하다. 따라서 구직과 관련된 서류 지원 이메일은 지원자의 첫인상을 좌우할 수 있는 중요한 관문으로 평가받기도 한다.

지원 이메일 대상

- Job position openings 채용 공고
- Job-search websites 구직 웹사이트
- Colleges/Universities/Educational Institutions 칼리지/대학교/교육기관

- Internships 인턴십
- Online advertisement responses 온라인 채용 공고 응시

작성 요령

❶ 이메일을 받는 사람의 정확한 이름 철자(스펠링), 직함을 여러 번 확인한다.

❷ 제목은 간결하게 하되, 지원자의 이름과 지원하는 분야를 반드시 명기한다.

❸ 이메일 수신자에 대해서는 'Hi', 'Hello'보다는 'Dear', 'Mr.', 'Mrs.' 등 공식적인 호칭을 쓴다.

❹ 첫 문장은 자신을 소개하고 희망하는 자리와 지원 동기를 분명히 밝힌다.

❺ 보유중인 기술, 자격증, 교육, 직장 경력 등은 현재 지원한 자리와 연관된 것을 집중 부각시켜서 자신이 왜 그 자리에 적합한지를 설득한다.

❻ 자신을 채용하면 회사에 어떤 이득을 가져다줄 것인지를 설명한다.

❼ 상대방이 연락할 수 있도록 주소, 전화번호, 이메일 주소 등을 명확하게 제시한다.

❽ 마무리는 긍정적이어야 하며 인터뷰에 대한 기대를 숨기지 않는다.

❾ 이력서, 커버 레터, 자기소개서 등 첨부할 파일을 여러 번 확인한다.

내용 구성

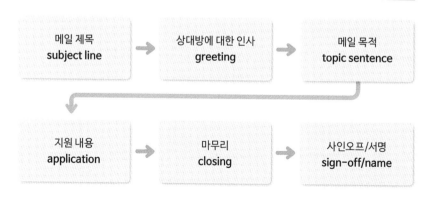

메일 제목
subject line
→
상대방에 대한 인사
greeting
→
메일 목적
topic sentence

지원 내용
application
→
마무리
closing
→
사인오프/서명
sign-off/name

◎ 많이 쓰는 단어

abilities	cover letter	goals	qualified
apply	credentials	knowledge	responsible
attach	eager to	objectives	resume
background	education	opportunity	skills
consideration	experience	professional	suitable

◎ 많이 쓰는 표현

- I am very interested in applying for [position] you advertised on [website].
  귀사가 [웹사이트]에 공지한 [채용 자리]에 지원하고 싶습니다.

- My qualifications and experience match your specifications perfectly.
  제 자격과 경력은 귀하가 제시한 채용 조건에 완벽하게 일치합니다.

- Please take a minute to go through the attached cover letter and CV for your consideration.
  참고할 수 있도록 자기소개서와 CV를 첨부하오니 검토해 주시기 바랍니다.

- Please take a minute to go through the attached …
  잠깐 시간을 내어 첨부된 내용을 검토해 주시기 바랍니다.

- I am confident that I would be a valuable asset to your organization.
  저는 귀하의 조직에 귀중한 자산이 될 것이라고 확신합니다.

- I would appreciate the chance to personally talk to you regarding this amazing opportunity at your company.
  채용하는 직책에 대해 개인적으로 이야기를 나눌 수 있는 기회를 주시면 감사하겠습니다.

- I would be very grateful to hear back from you regarding my application.

  지원에 대한 답장을 주시면 대단히 감사하겠습니다.

📍 이메일 제목

간결하게 지원자 이름과 지원하는 직무를 밝히는 것이 좋다.

- Subject: [Name of Applicant] Application

  제목: [이름] 지원

- Subject: [Name of Applicant] Application for Marketing Specialist [Job Reference Number]

  제목: [이름] 마케팅 전문가 자리 지원 [채용직 번호]

✉️ 공개 모집 서류 지원

Subject: [Name of Applicant] Job Title

Dear [hiring manager's name],

I am interested in applying for the position of software engineer at [company name]. The position and its requirements completely match my experience and qualifications.

I have recently graduated from [university name] with a [name of degree], and I am currently looking to apply my knowledge and skills in an organization of repute like [company name].

As a qualified software engineer, I am adept in application development and enhancement, and I believe that will prove to be an asset for your company.

Please take a minute to go through the attached cover letter and CV for your consideration. It would be a pleasure if I could hear back from you regarding my job application for your company.

Sincerely,

[Name of applicant]

[회사명]에서 공개 채용 중인 소프트웨어 엔지니어의 자리에 지원하고자 합니다. 해당 직책과 요구 조건은 제 경험과 자격에 완전히 부합합니다. 저는 최근에 [대학명]에서 [학위명]을 받고 졸업했으며, 귀사와 같은 이름 있는 회사에서 제 지식과 기술을 적극 활용하기를 희망합니다. 자격을 갖춘 소프트웨어 엔지니어로서 저는 애플리케이션 개발과 성능 향상에 뛰어나며, 제가 갖고 있는 이 지식이 귀사에 자산이 될 것이라고 확신합니다. 잠시 시간을 내어 첨부된 자기소개서와 CV를 검토해 주셨으면 합니다. 지원에 대한 답변을 기다리겠습니다.

✉ 경력직 구직 서류 지원

Subject: [Name of Applicant] Job Title, Job Reference Number

Dear [name],

My name is [name of applicant], and I am contacting you about the available position for a mid-level civil engineer within your company. I was first made aware of this opportunity on your website, and **I am intrigued by the opportunity to apply my** 13 years of experience in civil engineering to the continued success of your organization.

I have attached my resume and cover letter for your review and consideration.

I look forward to hearing from you soon.

Sincerely,

[Name of applicant]

제 이름은 [이름]이고, 귀사에 중간 관리자급 토목 기술직 자리가 있는지 궁금해서 연락드립니다. 귀사의 웹사이트에서 우연히 채용 공지를 봤으며 토목공학 분야에서 13년간 쌓은 경험을 귀사에서 활용하기를 희망합니다. 검토를 위해 제 이력서와 자기소개서를 첨부합니다. 빠른 회신 기다리겠습니다.

✉ 제3자 소개를 통한 구직 서류 지원

Subject: [Name of Applicant] Position, Job Reference Number

Dear [name],

My friend [friend's name], who is a sales manager at your company, recommended that I apply to this company for the position of sales manager. I have a strong interest in sales, and I want to take this opportunity to become a valuable asset to your organization. Since I studied alongside [friend's name], I encourage you to use her as a professional reference to verify my work ethic and desirable traits. If you hire me, you will be getting a great professional who can deliver results.

I recently graduated with an MBA degree from [university name]. I now want to apply my skills in a world-renowned trade firm like [company name].

I have attached a cover letter, resume, and certificates for your consideration. Please take a moment to go through them to get a better picture of who I am.

I would appreciate the chance to personally talk to you regarding this amazing opportunity at your company. I hope to hear back from you regarding my application.

Sincerely,

[Name of applicant]

귀사의 영업 담당자로 있는 제 친구 [이름]이 영업 담당자 자리 지원을 권유하여 이렇게 메일을 드립니다. 저는 영업에 관심이 많고, 만약 채용이 된다면 귀사에 소중한 자산이 될 것으로 확신합니다. [친구 이름]과 함께 공부했으므로 저의 직업윤리와 장점에 대해서는 그녀에게 물어보시면 잘 아실 수 있을 겁니다. 저를 고용하면 성과를 낼 수 있는 훌륭한 전문가를 얻게 될 것이라고 믿습니다. 저는 최근에 [대학명]에서 MBA 학위를 받았습니다. 귀사와 같은 세계적인 무역회사에서 제 기량을 펼치고 싶습니다. 저에 대한 참고로 자기소개서와 이력서, 증명서를 첨부했습니다. 잠시 시간을 내어 살펴보시면 제가 누구인지 잘 아실 수 있을 겁니다. 귀사의 자리와 관련해서 개인적으로 이야기를 나눌 수 있는 기회를 주시면 더욱 감사하겠습니다. 회신을 기대하겠습니다.

추천/참조 Recommendations/References

직장인이라면 아는 사람으로부터 추천서를 써달라는 부탁을 받은 경험이 한 두 번쯤은 있을 것이다. 자기가 데리고 있던 부하직원이나 직장 동료 등이 새로운 직장으로 이직하고자 할 때 요청하는 추천서는 대개 그 사람의 능력과 기술, 성과, 인간 됨됨이 등에 초점을 둔다.

추천서를 써준다는 것의 전제는 추천서를 의뢰한 사람과 일정 기간 함께 일해서 의뢰인에 대해 잘 알 수 있는 위치에 있어야 하고, 또 실제로 잘 알아야 한다는 점이다. 한국적인 관행에서는 잘 알지 못하는 사람이라도 추천서를 써주는 경우가 있지만, 영미권에서는 이런 경우 책임질 수 없다는 이유로 추천서 작성을 거절하는 사람이 더 많다. 따라서 이직/구직과 관련된 추천서를 요청할 때는 자신에 대해 잘 알고, 긍정적으로 잘 써줄 것이라는 확신을 주는 적임자를 구하는 것이 중요하다. 추천서는 구직 과정에서 그만큼 결정적인 역할을 한다는 의미이다.

추천서 이메일 대상

- Person's abilities/skills/performances 개인 역량/특기/성과
- Response to a request about a former employee 퇴사한 직원의 추천서 요청
- Recommending a candidate for a job/special award 구직/수상 관련 추천

⊙ 작성 요령

❶ 피추천인과의 관계를 먼저 설명하고 소속 회사 이름, 직책 등을 밝힌다.

❷ 피추천인의 이름과 마지막 직책, 직무, 근무 기간을 명시한다.

❸ 가급적 따뜻하고 친근한 말투로 피추천인의 장점을 열거한다.

❹ 추천서의 내용은 직업 정신, 성과, 성격 등 중요한 것부터 순서를 정해 쓴다.

❺ 명확하고 실질적인 문장으로 쓴다. 모호하고 두루뭉실한 문장은 의미가 없다.

❻ 장점과 약점을 모두 쓰되, 약점은 가급적 짧게 언급한다.

❼ 장점은 모호한 표현보다 아주 구체적인 사례를 들어 강조한다.

❽ 이전 직장을 그만두게 된 이유에 대해 설명한다.

❾ 궁금한 사항이 있을 경우 연락 가능한 전화번호와 이메일 주소를 밝힌다.

⊙ 내용 구성

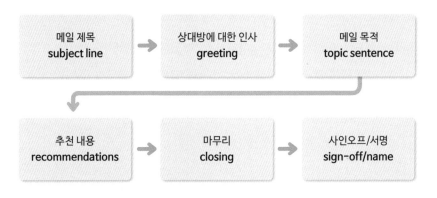

| 메일 제목 subject line | → | 상대방에 대한 인사 greeting | → | 메일 목적 topic sentence |

| 추천 내용 recommendations | → | 마무리 closing | → | 사인오프/서명 sign-off/name |

⊙ 많이 쓰는 단어

capable	cooperative	excellent	noteworthy	remarkable
character	dedicated	exemplary	outstanding	resourceful

competent	distinguished	invaluable	productive	respectable
congenial	dynamic	irreplaceable	professional	trustworthy
considerate	energetic	irreproachable	reliable	valuable

⊙ 많이 쓰는 표현

- I would appreciate it if you could write me a letter of recommendation.
  추천서를 써주면 감사하겠습니다.

- As someone who has seen my leadership skills in action, I hope you would write me a letter of recommendation.
  제 지도력을 옆에서 직접 지켜봐 주신 분으로서 제 추천서를 써주길 바랍니다.

- If you would be willing to write me a letter of recommendation and would like more information, please let me know.
  추천서를 써주셨으면 합니다. 혹시 정보가 더 필요하시면 알려주시기 바랍니다.

- Thank you in advance for taking the time out of your busy work schedule to write the letter.
  바쁜 업무 일정에도 시간을 내어 편지를 써주시면 감사하겠습니다.

- If you agreed to do so, please email me by [date].
  동의하신다면 [마감 날짜]까지 메일을 부탁드립니다.

■ 추천서 작성

추천서를 작성할 때는 (1) 도입부 (2) 피추천인의 성격/특성/직업직 강점 (3) 마무리 등으로 구성하는 게 좋다. 추천서는 성격이나 업무와 관련된 것에 초점을 맞추되, 인종이나 피부색, 종교, 장애, 성별, 출신 국가, 혼인 등 가족 관계에 대해서는 언급하지 않는 게 불문율이다.

- I am delighted to be called upon as a reference for [name].

  [피추천인]을 추천할 수 있게 되어 기쁩니다.

- I first became acquainted with [name] in [date], when he/she joined the [company name].

  [피추천인]이 [날짜]에 우리 회사에서 일하면서부터 그/그녀를 알게 되었습니다.

- I am very pleased to write a letter of recommendation for [name] to accompany his application for [job title] at [company name].

  [회사명] [채용직]에 지원하는 [피추천인]의 추천서를 작성하게 되어 매우 기쁩니다.

- I have no hesitancy in writing a letter of recommendation for [name].

  [피추천인]에 대한 추천서를 쓰는 과정에서 전혀 주저함이 없었습니다.

강점/장점 나열 DESCRIBING A PERSON'S QUALIFICATIONS

- Since the beginning of our collaboration, I have known [name] as an energetic and goal-oriented person.

  같이 일한 이후 저는 [피추천인]을 활기차고 목표 지향적인 사람으로 알고 있었습니다.

- He accepts constructive criticism and instruction concerning his work well.

  업무에 관해서는 건설적인 비판과 지시를 잘 수용했습니다.

- He grasps new concepts quickly …

  그는 새로운 개념을 빨리 이해하는 사람입니다.

- I would like to mention here, that [name] is accurate and thorough in his/her work, pays attention to details, and has no fear of new challenges.

제가 강조하고 싶은 것은 [피추천인]이 일 처리가 정확하고, 철저하며, 세세한 부분에도 주의를 기울이고, 새로운 도전에 대한 두려움이 없다는 것이다.

- Her ability to analyze problems and outline necessary courses of action was invaluable.

  문제점을 분석하고 필요한 추진 방향을 정하는 능력이 매우 뛰어났습니다.

- His organizational skills, along with his friendly personality and professionalism, make him the ideal candidate for ⋯

  조직력, 사교성, 전문성을 두루 갖춘 ～에 대해 이상적인 후보라고 생각합니다.

마무리 ENDING

- [Name] would be a tremendous asset to your graduate program and I recommend him highly and without reservation.

  [피추천인]은 귀교 대학원 과정에 큰 자산이 될 것이며, 주저 없이 그를 가장 추천합니다.

- I'm confident that she will surpass your expectations in this new role.

  새로운 역할에서 그녀는 당신의 기대를 뛰어넘을 것이라고 확신합니다.

- I believe in [name]'s outstanding abilities for [work name] and strongly recommend him for [position title] at your company, where he can develop and apply his bright talents.

  [채용직명]에 대한 [피추천인]의 뛰어난 능력을 믿고 그를 강력히 추천합니다. 귀사에서 재능을 발전시키고 기량을 펼칠 것이라고 생각합니다.

- It is a pleasure to be able to give him my highest recommendation. I hope this information is helpful.

  그에 대한 최고의 추천을 할 수 있어 기쁩니다. 이 정보가 도움이 되기를 바랍니다.

- I give him my highest recommendation, without reservation.

  저는 주저 없이 그를 가장 추천합니다.

⊙ 이메일 제목

추천서를 의뢰하는 경우에는 본인의 이름과 추천서 요청 목적임을 명확히
한다. 그리고 추천서를 보낼 경우에는 피 추천자 이름과 추천서임을 명확히 밝
히는 것이 좋다.

- Subject: Recommendation Request: [Name]
  제목: [피추천인] 추천 요청

- Subject: Letter of Recommendation for [Name]
  제목: [피추천인]에 대한 추천서

✉ 전/현 직장 상사에게 추천서 작성 요청

Subject: Recommendation Letter Request

Dear [name],

I am reaching out to ask you to provide me a recommendation letter for a
new opportunity I am seeking with [company name].

I learned a lot about the industry while working for you at [previous
company's name], and I think you would be able to provide the kind
of insight into my skills that would increase my chances of landing this
new position. As you know, I have recently been employed at [name of
current company], heading their research and development division.
The opportunity at [name of current company] is related but would also
require many of the sales and marketing techniques I developed while
working for you.

Thank you very much for considering my request. I have attached a copy of my updated resume and the job posting for your review. [Name] from Human Resources will be the contact person at [company name] will be in touch if you agree to provide the recommendation for me.

If you have any questions or need any further information, please don't hesitate to let me know.

Sincerely,

[Your name]

[회사명]에서 제가 찾고 있는 새로운 채용 기회가 생겨 저에 대한 추천서를 부탁드리고자 연락드리게 됐습니다. [이전 회사 이름]에서 사장님 밑에서 일하면서 업계에 대해 많은 것을 배웠고, 지원하는 직무와 관련해서 제가 어떤 통찰력이 있는지 평가해 줄 수 있을 것이라고 생각합니다. 아시겠지만, 저는 현재 [회사 이름]에서 연구 개발 부서장을 맡고 있습니다. 현재 일하는 회사도 관련이 없지는 않지만, 그보다는 사장님 밑에서 일하면서 배웠던 영업 및 마케팅 기법이 더 필요할 것으로 보입니다. 추천서를 긍정적으로 검토해 주시면 감사하겠습니다. 참고를 위해 이력서 사본과 채용 공고를 첨부했습니다. 추천서 제공을 동의하신다면 인사부의 [담당자]가 연락할 것입니다. 궁금한 점이 있거나 더 필요한 정보가 있으면 기탄없이 알려주시기 바랍니다.

✉ 직장 부하직원에 대한 추천서

Subject: Recommendation Letter for [Applicant name]

Hi [name],

It is my pleasure to deliver this letter of recommendation for [applicant name] as he strives to fill the position of administrative assistant at your reputable company. As regional manager at [company name], and as his direct supervisor, I've had the opportunity to observe [applicant name]'s work ethic on a daily basis. He has done an exemplary job ensuring the efficiency of the day-to-day operations of our office. His organizational skills, along with his/her friendly personality and professionalism, make him /her the ideal candidate for any administrative assistant position.

I give him my highest recommendation, without reservation. If I can further assist, please send an email or call me at phone.

Sincerely,

[Your name]

귀사와 같이 평판이 높은 회사의 행정 보조직에 지원한 [피추천인]에 대한 추천서를 보내드리게 되어 기쁩니다. [회사명]의 지역 관리자로서, 그리고 [피추천인]의 직속 상관으로서 그를 곁에서 지켜보면서 그의 업무에 대한 윤리성을 매일 관찰할 기회가 있었습니다. [피추천인]은 우리 사무실의 일상 업무에서 효율적으로 일해 온 모범적인 사람입니다. 친근한 성격과 전문성은 물론, 조직력까지 뛰어나 어떤 행정 보조직에도 이상적인 후보자로 꼽힙니다. 그에 대해 최고의 추천 점수를 주는 데 주저하지 않겠습니다. 추가적인 도움이 필요하면 [이메일]로 연락 주시거나 [전화번호]로 전화해 주시기 바랍니다.

✉ 대학원 진학을 위한 교수 추천서

Subject: Graduate School Recommendation

Dear [name],

I highly recommend [candidate's name] for graduate school. I have worked with [candidate's name] in my capacity as mass communications department chair at [university name].

While a student at [university name], [name] maintained a 4.12 GPA while taking a full load of honors classes and seminars. He/She excelled as a top student within the senior-level broadcasting methods course I teach and his other lecturers in our department speak highly of his performance in their classes, as well. He/She has excellent communication and inter-personal skills is extremely organized, and reliable.

[candidate's name] would be a tremendous asset to your graduate program and I recommend him/her highly and without reservation. If you have any questions, please do not hesitate to contact me. I will be more than happy to help.

Sincerely,

 [Your name]

저는 귀교의 [대학원]에 지원한 [피추천인]을 적극 추천합니다. [대학명] 매스커뮤니케이션 학과장으로 있으면서 [피추천인]을 지도한 적이 있습니다. [피추천인]은 재학중 고등 교과목과 세미나를 모두 수강하면서 평점 평균 4.12 학점을 유지했습니다. 제가 가르치는 고급 수준의 방송 방법 과목에서 상위권 학생으로 늘 뛰어났고, 우리 과의 다른 강사들도 수업 시간에 보여준 그(녀)의 실적을 높이 평가하고 있습니다. 의사소통과 대인 관계 능력이 뛰어나고, 조직력이 탁월하며, 무엇보다 신뢰할 만하다는 장점을 지니고 있습니다. [피추천인]은 귀교의 대학원 과정에 엄청난 자산이 될 것으로 믿고 있으며 이런 점에서 그(녀)를 주저 없이 추천하겠습니다. 궁금하신 점이 있으시면 바로 연락 주십시오. 어떤 질문이든 기꺼이 답하겠습니다.

자기소개서/이력서 Cover Letters/Resume/CV

구직과 관련된 이메일에서 빼놓을 수 없는 것은 자기소개서이다. 취업 지망생/이직 희망자들에게 있어 자기소개서는 자기 PR의 주요 수단이다. 취업 전문가들은 자기소개서 작성과 관련해서 (1) 처음 서너 줄에서 승부 (2) 자신의 장점을 최대한 부각 (3) 회사 기본 정보를 반드시 정확하게 확인할 것을 강조한다. 특히 영미권 문화에서는 살아온 인생을 나열식으로 구구절절 담기보다 핵심 위주로 짧고 간결하게 작성한 자기소개서를 선호한다.

외국계 기업의 경우 자기소개서 없이 이력서만 보내면 불합격 이유가 되기도 한다. 자기소개서에 정해진 양식은 없지만, 지원 분야에 맞는 자격 요건, 간단한 프로필, 회사에 대한 관심도 등을 한눈에 확인할 수 있도록 짜임새 있게 작성하는 것이 매우 중요하다. 아울러 자기소개서는 일상적인 비즈니스 과정에서 누구로부터 소개를 받았거나 처음 대면하는 상대방에게 자신이 누구인지 알리기 위해 흔히 작성되기도 한다.

자기소개서 이메일 대상

- Job seekers 구직자
- Business associates/employees 비즈니스 협력 관계/동료
- Beginning an interview 인터뷰에 들어가면서
- Attending job fairs/hiring events 잡 페어 참가자/채용 박람회
- Networking with new connections 구직 관련 네트워킹

⊙ 작성 요령

❶ 자기를 소개하는 이유를 먼저 서두에 밝힌다.

❷ 구직 관련이라면 자신의 직업적 경력을 설명한다.

❸ 자신이 왜 지원 회사/지원 분야에 자격이 있는지를 강조한다.

❹ 화려한 수사적인 말보다는 지원 회사/지원 분야와 직접 연결되는 교육 배경과 실제 달성한 구체적인 성과 위주로 작성한다.

❺ 채용 관련 인터뷰 약속 등 기대하는 사항을 잊지 않는다.

❻ 길면 상대방이 읽다가 포기할 수 있으므로 핵심 위주로 짧고 간결하게 쓴다.

❼ 상대방의 이름 스펠링과 문장에 오류가 없는지 여러 번 확인한다.

❽ 피드백을 위해 보내는 이의 직장/직책/이메일 주소/전화번호를 적는 것은 필수이다.

⊙ 내용 구성

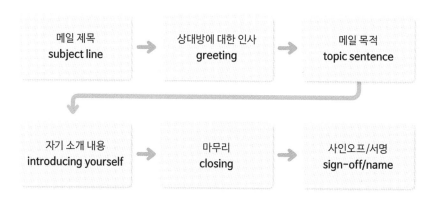

자기소개서/이력서 Cover Letters/Resume/CV   183

많이 쓰는 단어

apply	excited	pleasure
attached	notice	position
deliver	outline	prospect
enclosed	part	provision

많이 쓰는 표현

- After seeing the notice for a [position name] at [company name] on your website earlier today, I am excited to formally apply for the position.
  오늘 오전 귀사 홈페이지에서 [채용직] 공지를 보고 정식으로 지원하게 되었습니다.

- I'd like to officially submit my application for the manager position at [company name].
  [회사명]의 관리자직 채용에 공식적으로 지원서를 제출합니다.

- I was referred to you by a mutual acquaintance, [acquaintance's name], who said you have an opening for [position name].
  [공통의 지인]을 통해서 귀사에 [채용직] 채용 절차가 시작됐다는 이야기를 들었습니다.

- I know I would bring a high level of quality and skill to your organization if you consider me for the position.
  저를 그 자리에 고용한다면 귀사의 조직에 높은 수준의 품질과 기술을 가져다 줄 자신이 있습니다.

- Attached alongside this cover letter is my resume for the [position name].
  [채용직]에 필요한 이력서를 첨부합니다.

- Once you have had an opportunity to review my resume, please contact me if you have any questions or to arrange an interview.

  이력서를 검토하시고 궁금한 점이나 면접에 관한 문의 사항이 있으면 연락 바랍니다.

⊙ 자기소개서의 형식

■ 문서 맨 위에 포함할 내용

Your First and Last Name			
Email address	Phone number	Mailing address	LinkedIn(option)

■ 문서 왼쪽 위에 포함할 내용

- Current date 오늘 날짜
- The first and last name of the person you're writing to or the relevant department 자기소개서를 받을 담당자 혹은 관련 부서
- The company's address 채용 회사 주소
- The company's phone number 채용 회사 전화번호
- The hiring manager or company's email address 채용 담당자/채용 회사 이메일

■ 자기소개서에 적합한 사인오프

- Best,
- Best regards,
- Kind regards,
- Regards,
- Respectfully,
- Sincerely,
- Thank you,

EXAMPLE

✉ 자기소개서의 형식과 내용

[Your Name]

[Your Address]
[Your Phone]
[Your Email]

Oct 30, 2020
[Hiring Manager's Name]
[Company Address]
[Company Phone]
[Hiring Manager's Email]

Dear [Hiring Manager's Name],

① The first paragraph should contain a self-introduction. You should write who you are, where your expertise lies, where you found the job positing, and why you want to apply for the job.

② The second paragraph should respond directly to the job description written by the hiring manager. Describe how your previous job experiences, skills, and abilities will allow you to meet the company's needs. To make that easier, you can (and should) literally include words and phrases from the job description in your cover letter.

- You can include a bullet list of your accomplishments
- Make sure you quantify (add numbers to) these bullet points
- A cover letter with numbers is 100% better than one without

③ To go the extra mile, do some research about the company, and try to find out what they are doing - and why - given the current state of their industry. Explain how you can fit into that schema, and help push the company forward and achieve any goals you suspect they may have.

④ The final paragraph is called the 'call to action' portion of your cover letter. Inform them that you'd love to get interviewed. Give them your contact information. Tell them that you'll be in contact with them in a week if you don't hear back. Thank them for spending the time to read your cover letter.

Sincerely,

[Your name]

① 첫 번째 단락은 자기 소개를 포함해야 한다. 자신이 누구인지, 어떤 전문 지식을 갖고 있는지, 일자리에 대한 정보를 어디서 구했는지, 지원 동기 등을 적어야 한다.

② 두 번째 단락은 채용 담당자가 작성한 직무기술서에 직접 답해야 한다. 이전의 직업 경험, 기술, 능력이 어떻게 채용할 회사에서 요구하는 내용을 충족시킬 수 있는지를 설명한다. 자기소개서를 작성할 때 직무기술서에 나온 단어와 문구를 그대로 활용하여 답을 하는 게 좋다.

• 성과에 대한 핵심 목록을 포함시킨다.

• 핵심 목록은 정량화(숫자 추가)한다.

• 숫자가 포함된 자기소개서가 숫자 없는 자기소개서보다 무조건 좋다.

③ 세 번째 단락은 채용 회사에 대해 기본적인 조사를 하고, 현재 해당 회사가 속한 산업이 처한 상황에서 하고 있는 사업은 무엇이고 왜 하는지를 정확히 파악한다. 그 틀에서 어떤 부합하는 역할을 할 수 있는지를 설명하고, 어떻게 회사를 발전시키고 회사가 추구하는 목표를 달성하는 데 어떻게 할 것인지에 대해서도 기술한다.

④ 마지막 단락은 '어떤 행동에 대한 요청(call to action)'이라고 하는데, 면접에 대한 기대를 명시하고 필요한 연락처 정보를 제공한다. 연락을 받지 못하면 일주일 후에 다시 연락하겠다고 밝히고 마지막으로 자기소개서를 읽어줘서 감사하다는 점을 밝힌다.

⊙ 이메일 제목

자기소개서 이메일 제목은 자기소개서, 지원자 이름, 지원 분야(직무)를 명시하는 게 좋다.

● Subject: Cover Letter – [Job Title] – [Your Name]
제목: 커버 레터 – 채용직 – 지원자 이름

- Subject: Cover Letter: [Your Name] for [Job Title]

  제목: 커버 레터: 채용직과 지원자 이름

✉ 자기소개서/이력서 붙임 파일 제출

Subject: [Your Name] Cover Letter: Customer Service Manager

Dear [hiring manager's name],

Having just come across your job posting for a [position name], I believe I have the ideal mix of skills and past experience to be a top candidate. I have attached my resume and cover letter for your review.

Thank you for your time. I look forward to hearing from you.

Best regards,

[Your name]

[채용직]에 대한 구인 공지를 봤을 때 채용직에 필요한 기술과 과거의 경험을 두루 갖추고 있는 제가 최적의 후보라는 확신이 들었습니다. 검토를 위해 이력서와 자기소개서를 첨부했습니다. 시간을 내주셔서 감사합니다. 답장 기다리겠습니다.

✉ 자기소개서+이력서 붙임+인터뷰 약속 요청

Subject: [Your Name] Job Application Package

Dear [hiring manager's name],

After seeing the notice for a communications director at [company name] on your website earlier today, I am excited to formally apply for the position.

I am confident that my ten years of experience in communications in both the private and public sectors make me an ideal fit for the position.

In my position as communications vice-director for [past company name], I managed the company website by writing articles, editing guest author submissions, and wrote the weekly newsletter that was emailed to subscribers. I was praised constantly by the director for my attention to detail and clear, straightforward writing style.

In addition, while I was communications vice-director I collected data and maintain databases, drafted and amended legislation, helped implement communications projects such as editing press releases and publications, and facilitate effective internal communications. I also have vast experience with writing on [issue name] issues, which, I believe, would be a fit for this position. You can review copies of these articles at [insert URL].

Additionally, writing samples and my resume are attached. I would be happy if you can arrange a meeting with me. Please let me know when it would be a good time for us to meet.

I look forward to hearing from you. Thank you for your consideration.

Sincerely,

[Your name]

오늘 오전 귀사 홈페이지에서 커뮤니케이션 이사를 채용한다는 공고를 보고 정식으로 입사 지원하게 되어 기쁩니다. 저는 10년 동안 민간 및 공공 부문에서 커뮤니케이션을 담당한 경험을 갖고 있어 그 직책에 이상적으로 적합하다고 확신합니다. [전 직장]의 커뮤니케이션 부 이사로서, 저는 기사 작성, 외부 필진 글 편집, 구독자들에게 이메일로 전송되는 주간 뉴스레터 작성 등을 통해 회사 웹사이트를 관리했습니다. 디테일에 강하고, 명료하며, 직설적인 문체를 통해 담당 이사로부터 끊임없이 칭찬을 받았습니다. 또한 [전직장]의 커뮤니케이션 부이사로 일하면서 자료 수집과 데이터베이스 유지, 입법안 초안 및 개정, 보도자료 편집, 출판물 편집 등의 커뮤니케이션 업무를 맡았고 효과적인 내부 소통을 촉진하는 데 큰 역할을 했습니다. 또한 [이슈]에 대해 글을 쓴 경험이 풍부한데, 해당 경험이 이 직책에 적합할 것이라고 믿습니다. [URL 삽입]에서 제가 쓴 기사의 사본을 확인하실 수 있을 겁니다. 참고용으로 쓴 샘플 기사와 이력서를 첨부합니다. 직접 만나볼 수 있다면 감사하겠습니다. 언제 시간이 되는지 알려주시기 바랍니다. 답장 기다리겠습니다. 긍정적인 검토 감사합니다.

✉ 지인의 추천을 통한 자기 소개

Subject: Letter of Interest – [Your Name]

Dear [name],

I was referred to you by a mutual acquaintance, [acquaintance's name], who said you have an opening for a litigation secretary. I am a professional looking for a career, not just a job. I have many years of experience as a litigation secretary, most of them working with managing partners. I am organized, reliable, and self-motivated. I like being part of a team but can also work independently.

Included with this email is a copy of my resume for your review and consideration. **Once you have had an opportunity to review my resume, please contact me if you have any questions or to arrange an interview.**

I look forward to speaking with you in the near future.

Thank you for your time.

[Your name]

[공통으로 아는 지인의 이름]을 통해서 귀사에서 법률 전문 비서를 채용한다는 이야기를 들었습니다. 저는 단순한 자리가 아니라 프로로서의 경력을 쌓을 수 있는 자리를 찾고 있습니다. 법률 전문 비서로서 다년간의 경험을 갖고 있으며, 대부분은 관리 파트너와 함께 일했습니다. 제 개인에 대해 설명드리면 조직적이고, 믿음직스러우며, 스스로 동기를 부여하는 사람입니다. 팀의 일원으로 일하는 것을 선호하지만 단독으로 일하는 것도 괜찮습니다. 검토를 위해 이력서를 첨부합니다. 검토하시고 궁금한 점이 있거나 면접 시간을 잡을 의향이 있으시면 연락 바랍니다. 조만간 직접 만나서 대화하기를 기대합니다.

채용 불합격 통보 Rejection Email for an Applicant

　채용 담당자들이 구직자에게 보내야 하는 이메일 중 하나가 불합격/거절 통보다. 공개 모집 혹은 상시 채용 결과, 지원자가 회사에서 요구하는 특정 조건이나 자격에 부합하지 않아 탈락했다는 사실을 알리는 것이 불합격 통보 이메일이다.

　불합격 통보 이메일은 응시생 번호, 주소, 이름 등을 포함하며, 채용 전형에 지원해 준 것에 대한 감사의 표시와 더불어 이번 채용 전형에서 선발되지 않았다는 사실을 정중하게 표현해야 한다. 불합격 통보 이메일은 기업의 이미지와도 직결될 수 있는 것이어서 최대한 예의와 격식에 맞춰 작성하는 것이 중요하다.

⊙ 불합격/거절 통보 이메일 대상

- Employment applications 채용 지원
- Job interviews 채용 면접
- Proposals 제안서
- Presentations 프레젠테이션

⊙ 작성 요령

❶ 짧고 명료하게 작성한다.

❷ 회사에 대한 관심과 지원해 준 데 대해 먼저 감사의 뜻을 표명한다.

❸ 오해가 없도록 명확하게 불합격/거절 사실을 알린다.

❹ 불합격/거절 사유는 따로 밝히지 않는 게 좋다.

❺ 회사에 대한 지속적인 애정과 관심을 가져줄 것을 표명한다.

❻ 회사와는 인연이 닿지 않았지만 지원자의 구직 활동에 행운을 기원한다.

⊙ 내용 구성

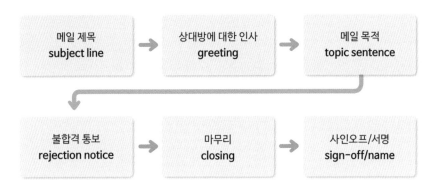

⊙ 많이 쓰는 단어

appreciate	reject	unfeasible
careful	reluctantly	unsuccessful
consideration	respond	unfortunately
decide	thank	unlikely
regretfully	unable	wish

많이 쓰는 표현

- I am sorry to inform you that you have not been selected for an interview for this position.
  이번 채용에서 면접 대상자로 뽑히지 않았음을 알리게 되어 유감입니다.

- [Company name] thanks you for the time you invested in applying for the position of [job title].
  [회사명]은 귀하가 [채용직]에 응모하여 주신 것에 감사드립니다.

- I regret to inform you that you have not been selected for an interview for this position.
  귀하가 면접 대상자가 되지 못했음을 알리게 되어 유감입니다.

- Though your qualifications are impressive, we have decided to move forward with a candidate whose experiences better meet our needs for this particular role.
  귀하의 자격 요건은 인상적이었지만, 이번 채용 직책이 요구하는 역할에 더 걸맞는 다른 후보자를 선택하기로 결정했습니다.

- We wish you all the best with your job search and professional future endeavors.
  귀하의 구직 활동과 전문가로서의 미래 노력에 행운을 빕니다.

- We have reviewed your application but we have decided to move forward with another candidate.
  귀하의 지원 서류를 검토하였으나 아쉽게도 다른 후보자를 선택하기로 했습니다.

이메일 제목

- Subject: Decision Regarding Your Application
  제목: 서류 지원에 대한 결과

- Subject: Application Decision
  제목: 지원 결과

✉ **서류 심사 불합격 통보**

Subject: Job Application Update

Dear [applicant's name],

Thank you for your application for the position of shipping coordinator at [company name]. As you can imagine, we received a large number of applications. I regret to inform you that you have not been selected for an interview for this position.

The [company name] selection committee thanks you for the time you invested in applying for the shipping coordinator position. We encourage you to apply for future openings for which you qualify.

Best wishes for a successful job search. Thank you, again, for your interest in our company.

Best,

[Your name]

본사의 배송 코디네이터 채용에 지원해 주셔서 감사합니다. 아시다시피 이번 채용에 대단히 많은 지원자가 몰렸고 아쉽게도 귀하가 면접 대상자로 선발되지 않았음을 알리게 되어 유감입니다. [회사명]의 선정위원회를 대표하여 귀하의 배송 코디네이터 지원에 다시 한번 감사드리며 차후 귀하에게 걸맞는 자리가 나면 다시 한번 지원해 주시기를 바랍니다. 성공적인 구직 활동을 기원하며, 다시 한번 우리 회사에 관심을 가져줘서 감사드립니다.

✉ 인터뷰 후 불합격 통보

Subject: Update Regarding the [Job Title]

Dear [applicant's name],

Referring back to our recent phone conversation, I am notifying you in writing that we have offered our [job title] to a different candidate. We want you to know that we appreciate the time you invested in your application. The team is grateful for the opportunity to meet with you.

Best wishes as you continue your job search.

Best,

[Your name]

최근에 귀하와 전화 통화한 것과 관련하여 아쉽게도 우리 회사는 [채용직] 자리를 귀하가 아닌, 다른 후보자에게 제안했음을 서면으로 알려드립니다. 시간을 내어 지원해 주신 데 대해 감사드리며, 해당 팀 역시 귀하와 면접할 수 있었던 기회를 소중하게 생각하고 있습니다. 향후 구직 활동에 행운을 빕니다.

자리 제안 사양 Declining a Positionences

실력 있고 잘 나가는 비즈니스맨들은 스카우트 제의가 들어오게 마련이다. 전문 헤드헌팅회사를 통해서 은밀히 제안이 들어오기도 하지만, 지인이나 해당 회사 관계자로부터 직접 이직에 대한 제안(잡오퍼)을 받기도 한다.

이직에 따른 혜택이 크다면 당연히 스카우트 제의를 받아들이게 된다. 하지만 보수나 조건, 현재 직장에서의 위치 등을 고려하여 때에 따라서는 이 같은 제안을 거절해야 하는 경우도 있다.

⊙ 거절 이메일 대상

- Declining job offers 채용 제안 사양
- Declining job positions 자리 제안 사양

⊙ 작성 요령

❶ 거절하기로 마음 먹었다면 최대한 빨리 거절 이메일을 보낸다.
❷ 자리/스카우트 제안에 대한 감사의 뜻을 표명한다.
❸ 거절 의사를 분명히 밝힌다.
❹ 거절할 수밖에 없는 이유를 짧게 밝힌다.
❺ 우호적 관계 유지를 희망하고 따뜻한 문구로 마무리한다.

📍 내용 구성

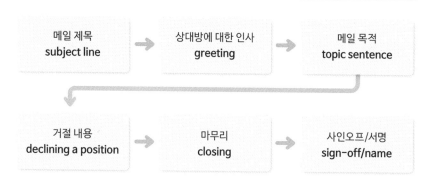

📍 많이 쓰는 단어

appreciate	difficult	opportunity
consider	enjoyed	options
consideration	fit	pleasure
decision	generous	reply
decline	offer	respond

📍 많이 쓰는 표현

- I would like to express my gratitude for the offer and my regrets that it did not work out.
  제안에 감사드립니다만, 저로서는 받아들이기 어렵다는 점을 말씀드리게 되어 유감입니다.

- Sadly, I'll have to decline, since the position that was offered isn't the right fit with my future career goals.
  제안하신 자리는 제 미래 경력에는 맞지 않아서 귀하의 채용 제의를 정중히 사양합니다.

- I am sorry to say that I will have to decline your generous offer.
  유감스럽게도 귀하의 너그러운 제안을 거절할 수밖에 없다는 점을 밝힙니다.

- After careful consideration, I regret that I must decline.
  어려운 고민 끝에 귀하의 제안을 거절하기로 결정하였습니다.

- Thank you for such a pleasant interviewing experience.
  이렇게 즐거운 면접 경험을 쌓게 해 주셔서 대단히 감사드립니다.

- I wish you and the company well in all future endeavors.
  귀하와 귀사의 노력에 행운이 있기를 기원합니다.

이메일 제목

- Subject: Decision Regarding [Job Title]
  제목: 채용직에 대한 결정

- Subject: Response to [Job Title] Offer
  제목: 채용직 제안에 대한 답변

✉ 적성을 이유로 거절

Subject: Response to Your Offer

Dear [name],

Thank you for your offer, and for the time you've spent getting to know me and educating me about the opportunity. However, after reflecting further, I cannot accept your offer. It was a true pleasure to learn more about the position you offered me, but it does not fit the path I am taking to achieve my career goals.

Thank you again for everything, and best of luck filling the position.

Sincerely yours,

[Your name]

채용 제안과 저에 대해 투자한 시간, 많은 조언에 감사드립니다. 그러나 어려운 고민 끝에 제안을 사양할 수밖에 없음을 알려드립니다. 제안해 주신 직책에 대해 더 많은 것을 알게 되어 대단히 기쁘지만, 제가 추구하는 미래 경력과는 맞지 않는 것으로 보입니다. 모든 것에 다시 한번 감사드리며, 더 좋은 후보자가 그 자리를 차지하기를 바랍니다.

✉ 보수를 이유로 거절

Subject: Job Offer

Dear [name],

Thank you so much for offering me the [job title] position but after careful consideration, I regret that I must decline. The salary does not meet the financial requirements of my current situation.

It was a pleasure to meet you in person and I hope we will have the chance to work together in the near future.

Best,

[Your name]

제게 [직책]을 제안해 주신 점은 정말 감사하지만, 오랜 고민 끝에 제안을 사양하기로 결정했음을 말씀드리게 되어 유감입니다. 제 현재의 위치에 비추어 제안하신 급여가 맞지 않는 것 같습니다. 만나 뵈어 반가웠습니다. 비록 이번은 아니지만, 가까운 시일 내에 함께 일할 수 있는 기회가 생겼으면 좋겠습니다.

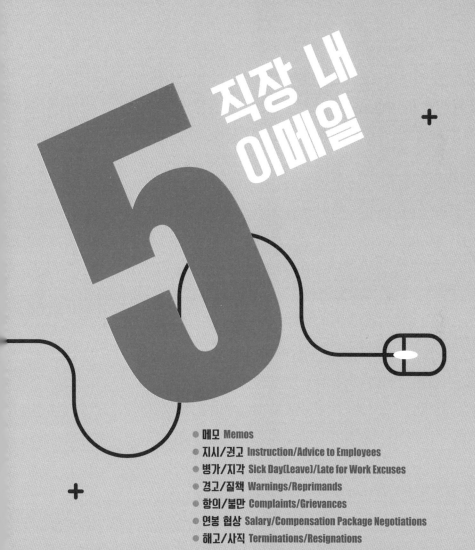

5

직장 내 이메일

- 메모 Memos
- 지시/권고 Instruction/Advice to Employees
- 병가/지각 Sick Day(Leave)/Late for Work Excuses
- 경고/질책 Warnings/Reprimands
- 항의/불만 Complaints/Grievances
- 연봉 협상 Salary/Compensation Package Negotiations
- 해고/사직 Terminations/Resignations

 메모 Memos

메모(memo)는 '메모랜덤(memorandum)'의 줄임말로, 영어로는 해야 할 일이나 약속 등을 상기시키는 'reminder'를 의미한다. 흔히 '비망록'으로 부르는 메모는 사건이나 관찰 결과를 기록하는 것으로써 기억을 돕는 문서 또는 그 외의 통신 정보 전달 수단으로 규정된다.

비즈니스 세계에서 메모는 조직 내 부서원, 혹은 회사 구성원 전체에게 전달되는 공식 문서를 의미하는데, 때로는 공식 미팅 후 혹은 협의 후 협의 내용을 기록 및 정리하는 것을 말하기도 한다. 메모의 서식은 대개 정해져 있으며 1페이지 혹은 2페이지를 넘지 않는다.

법률 분야에서 메모는 거래 조건이나 계약의 기록을 의미하며 정책 메모(policy memo), 양해각서(MOU: Memorandum Of Understanding), 합의각서(MOA: Memorandum Of Agreement), 기본 정관(memorandum of association) 등으로 구분된다. 그 밖에 브리핑 노트(briefing notes), 보고서(reports), 서간(letters), 가계약서(binders) 등도 메모의 범주에 속한다.

⊙ 메모 이메일 대상

● Short notes, reports, documents such as plans, analyses, or proposals
짧은 메모, 보고서, 계획서, 분석서, 제안서

- Confirm verbal discussions and decisions
  구두상 논의했던 내용 혹은 결정에 대한 확인

- Distribute information across organizational lines
  조직 내 정보 전달

- Create an organizational record of plans/decisions/instructions/ actions
  조직 내 계획/결정/지시/조치에 대한 기록 작성

작성 요령

❶ 회사/조직 내 메모 서식, 절차, 규범 등을 숙지하고 보낸다.

❷ 날짜, 받는 사람, 보내는 사람, 제목 등의 형식을 갖춘다.

❸ 메모 내용이 무엇에 관한 것인지 제목은 간단명료하게 정한다.

❹ 메모는 내용 전달이 중요하므로 가급적 압축해서 핵심만 적는다.

❺ 받는 사람의 직위, 직책 등을 염두에 두고 거기에 걸맞는 언어를 선택한다.

❻ 핵심 내용을 정하고 서론, 본론, 결론, 요약, 권고 등으로 구분하여 작성한다.

내용 구성

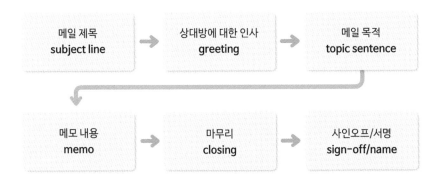

메일 제목
subject line
→
상대방에 대한 인사
greeting
→
메일 목적
topic sentence

메모 내용
memo
→
마무리
closing
→
사인오프/서명
sign-off/name

많이 쓰는 단어

action	deadlines	list	procedure	review
analysis	guidelines	meet	progress	revise
announce	information	notice	proposal	start
attached	input	outlines	reminder	status
conclude	instructions	policy	report	summary

많이 쓰는 표현

- I'm happy to inform you that the …
  ~점을 알리게 되어 기쁩니다.

- We're closely monitoring the updates …
  ~에 관한 새로운 정보를 면밀히 주시하고 있습니다.

- We will keep an eye on any developments around …
  ~의 전개 양상에 관해 지속적으로 주시할 것입니다.

- That will remain our top priority …
  최우선적으로 관심을 둘 것입니다.

- We have listened carefully to the feedback and concerns you've expressed.
  보내주신 피드백과 염려에 대해 주의 깊게 귀를 기울여 왔습니다.

- We hope that this new policy change will be of greater benefit to our employees.
  새롭게 변화된 정책이 모든 직원들에게 더 큰 이익이 되기를 바랍니다.

- I am excited to discuss your opinions at the next meeting.
  다음 회의에서 당신의 의견을 토론하게 되어 기쁩니다.

이메일 제목

메모 이메일 제목은 내용을 명확하게 밝히는 간결한 제목이 좋다.

- Subject: Christmas Party Announcement
  제목: 크리스마스 파티 안내

- Subject: Changes in Management and New Product Line
  제목: 관리 및 신 생산라인 변화

- Subject: Quarterly Bonus for Supervisors
  제목: 관리자를 위한 분기 보너스

✉ 코로나19로 인한 병가와 관련된 메모

Subject: Coronavirus Preventive Measures

To: All employees

Good afternoon,

We're closely monitoring the updates around the coronavirus(COVID-19) outbreak. Although for the time being our region is mildly affected, we want to act fast and ensure we're taking all the precautionary measures to avoid any risks.

This is why we'd like you all to pay extra attention and implement the following guidelines:

Sick leave:

If you're feeling sick, leave the office immediately and stay at home

---

until you're completely asymptomatic. Common COVID-19 symptoms are coughing, difficulty breathing and fever, but we ask you to use your sick leave even if you have the slightest symptoms in order to prevent potential infection in the workplace.

If you are diagnosed with COVID-19, use your sick leave as usual. You can refer to our sick leave policy [insert link] for more details on the process. You can return to the office only after you've fully recovered, with a doctor's note confirming your recovery.

Your health is our top priority, so **we will keep an eye on any developments around** the coronavirus outbreak and will let you know if there are any extra precautionary measures we all need to apply.

Let's all contribute to keeping our workplace safe. Feel free to reply to this email or stop by HR if you have any questions or concerns.

Thank you,

[Your name]

우리 회사는 코로나바이러스(COVID-19) 발생과 관련된 상황 변화를 면밀히 주시하고 있습니다. 비록 당분간은 우리 지역에 미칠 영향이 크지 않겠지만, 회사는 신속히 대응하고 어떠한 위험도 피하기 위해 모든 예방 조치를 취하고 있다는 것을 확실히 하고 싶습니다. 여러분 모두가 각별한 주의를 기울이고 다음의 지침을 실행해 주기를 바랍니다.

병가:

몸이 아프면 즉시 퇴근하고 증상이 완전히 사라질 때까지 집에 머물러야 합니다. COVID-19의 일반적인 증상으로는 기침, 호흡 곤란, 발열 등이 있으며, 직장 내 감염 가능성을 차단하기 위해 조금이라도 증상이 의심되면 병가를 이용해 줄 것을 당부합니다. 만약 COVID-19에 감염된 것으로 확진이 됐다면 평소와 같이 병가를 사용하면 됩니다. 병가에 관한 자세한 내용은 당사의 병가 정책 [링크]을 참조하십시오. 사무실 복귀는 완치된 후에야 가능하며, 복귀 시 완치됐다는 의사의 소견서를 제출해야 합니다. 회사는 귀하의 건강을 가장 중요하게 생각하고 있습니다. 코로나바이러스 발생에 대한 전개 상황을 계속 주시할 것이며, 추가적인 예방 조치가 있다면 즉시 귀하에게 알리겠습니다. 우리 모두 일터를 안전하게 지키는 데 노력합시다. 궁금한 점이나 문제가 있으면 언제든지 이메일로 회신하거나 인사과를 방문하십시오.

✉ 근무 태만 경고 메모

Subject: Warning: Explain your negligence to duty!

Hi [name],

Your negligence to duty today led to a major damage to the product line at the factory. Explain within 24 hours why **immediate disciplinary action should not be taken against you.**

Regards,

[Your name]

귀하의 근무 태만으로 인해 공장 내 생산 라인이 큰 손상을 입었습니다. 24시간 이내에 명확한 해명이 없을 경우 귀하에 대해 즉각적인 징계 조치가 내려질 것입니다.

지시/권고 Instruction/Advice to Employees

어떤 직장이든 직장 내에서 구성원이 준수해야 할 규범과 규정이 있다. 새로운 정책이나 규정이 만들어지면 이를 구성원들에게 알려야 한다. 또 회사의 규정을 어기는 행동을 하는 구성원이 있다면 규정 위반 내용을 알리고 규정을 준수할 것을 지시해야 한다. 어떤 경우든지 회사의 규정이나 지침과 관련된 지시는 모호하거나 불확실해서는 안 되며, 항상 명확하게 전달되어야 한다.

지시/권고에 관한 이메일은 회사의 생산성을 높이고 전체 직원들의 사기와 직결되는 문제이다. 따라서 구성원들이 규정을 위반하는 행위가 발생하지 않도록 명확하면서도 사려 깊게 작성하는 게 원칙이다.

⊙ 지시/권고 이메일 대상

- Company's policies 회사의 정책
- Agreements 합의 내용
- New policies 새로운 정책
- Procedures 진행 절차
- Regulations 규정
- Work guidelines 근무수칙
- Payments 급여

◎ 작성 요령

❶ 지시/권고의 주제가 무엇인지를 먼저 간결하게 언급한다.

❷ 문제와 관련된 증빙 자료를 제시한다.

❸ 이메일을 받는 구성원과 직접 관련된 문제가 무엇인지 언급한다.

❹ 고압적인 명령어는 피하고 회사의 방침이나 지시에 따르도록 요청한다.

❺ 공식적인 지시/권고에 이모티콘(emoji)이나 비속어(slang)는 쓰지 않는다.

❻ 상황에 맞는 조언을 잊지 않는다.

◎ 내용 구성

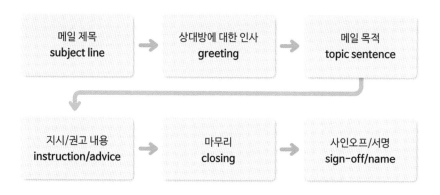

◎ 많이 쓰는 단어

advice	explanation	operation	simplify
caution	guidelines	policy	steps
demonstrate	indicate	precaution	system
description	information	procedure	warning
details	method	regulations	warranty

◉ 많이 쓰는 표현

- There are some exciting changes coming to our department that I wish to alert you to.

  우리 부서에 긍정적으로 영향을 미칠 정책 변화를 여러분에게 알리고자 합니다.

- In response to an increase in demand, ···

  ∼와 관련하여 질의가 증가하고 있으므로 이에 답하고자 합니다.

- The [department name] is happy to announce the ···

  [부서]는 다음의 내용을 안내하게 되어 기쁩니다.

- These measures will be taken to help ···

  ∼에 도움이 되고자 이러한 조치들을 취할 것입니다.

- Please provide us with some feedback on ···

  ∼에 관해 귀하의 의견을 주시기 바랍니다.

- Please respond to the above questions by [date].

  [날짜]까지 이상의 질문들에 대한 답을 주시기 바랍니다.

- If you have any questions, please don't hesitate to contact me.

  질문이 있다면 주저 없이 저에게 연락하시기 바랍니다.

◉ 이메일 제목

지시/권고의 내용을 명확하고 간결하게 밝히는 것이 좋다.

- Subject: COVID-19 Work from Home Guidelines

  제목: COVID-19와 관련된 재택근무 수칙

- Subject: Sick Leave New Policies

  제목: 병가에 관한 새 정책

- Subject: Work Deadlines

  제목: 업무 마감일자

✉️ **사내 규정 위반 행위에 대한 주의 환기 및 권고**

Subject: Playing Computer Games at Work

Dear [name],

I have been receiving various reports that some employees are playing computer games at work. Let me remind you that our company policy prohibits the use of company computers for matters other than business.

The use of our computers and network should only be for official business. While I understand that some of you play games to fill in the idle time, I believe there are other constructive ways to use that time. All of us must aim to increase our productivity, and getting rid of distractions like games will help us achieve this.

I trust that we will all comply.

Sincerely,

[Your name]

그동안 일부 직원들이 직장에서 컴퓨터게임을 하고 있다는 여러 보고를 받았습니다. 회사 내 컴퓨터를 업무 외적인 일로 사용해서는 안 된다는 회사 방침을 주지하시기 바랍니다. 우리의 컴퓨터와 네트워크 사용은 오직 공식적인 업무만을 위해 허용합니다. 여러분 중 일부는 무료한 시간을 메우려고 게임을 하는 것으로 이해하고 있지만, 게임할 시간이 있으면 다른 건설적인 방법으로 사용할 것을 권유합니다. 우리의 목표는 조직의 생산성을 증대시키는 것이며, 목표 달성을 위해서 게임과 같이 불필요한 일탈행위는 근절되어야 할 것입니다. 게임 금지 조치를 모두 준수할 것이라고 믿습니다.

✉ 업무 마감 시한 준수 지시

Subject: Missing Many Deadlines

Hi [name],

I am contacting you today to discuss the important deadlines that you have recently missed. Missed deadlines cause difficulties within the organization as it puts an unnecessary burden on your colleagues to complete your unfinished work. Additionally, we have clients that depend on us, and I want you to make sure this doesn't happen again.

I look forward to your improved effort. Contact me if you have any questions.

Thanks,

[Your name]

최근 귀하가 업무 마감일을 준수하지 않아서 연락하게 됐습니다. 마감 시한을 놓치게 되면 다른 동료들에게 불필요한 부담을 주며, 조직에 어려움을 가져다 줍니다. 또한 우리에게 의존하는 고객들이 있다는 점에 유의하여 다시는 이런 일이 일어나지 않도록 주의하여 주시기 바랍니다. 개선 노력을 기대하며, 문의 사항이 있으면 연락 바랍니다.

✉ 코로나바이러스 확산에 따른 근무 수칙 지시

Subject: COVID-19 Guidelines

To All,

With COVID-19 officially listed as a pandemic by the World Health Organization (WHO), and still with so much yet to understand about the virus, we wanted to take a moment to let you know that we are taking extraordinary and proactive steps to protect the health and safety of our team.

We have implemented a number of guidelines that will help us reduce exposure to and transmission of a range of illnesses, especially the novel coronavirus.

During this time, we want to emphasize:

- Communication with your manager is very important. Please inform your manager if you need help in any way during these turbulent times.

- We want to increase readiness to adopt virtual technologies to better enable remote work. We are currently working to establish new organizational infrastructure, and knowledge operating best practices to ensure our success and continuity of operations.

- We know that social distancing may also impact us in our personal lives, with the potential for school closures and/or transit reductions. **We are confident that** through virtual work and interaction, [company name] can minimize these issues and fully support our employees.

We thank you for your understanding and patience.

[Your name]

세계보건기구(WHO)는 공식적으로 COVID-19의 대유행을 선언하였습니다. 아직 바이러스에 대해 모르는 것이 많은 가운데, 우리는 우리 팀의 건강과 안전을 보호하기 위해 특별하고 사전 예방적인 조치를 취하고 있다는 점을 알려드리고자 합니다. 우리는 새로운 질병, 그중에서도 특히 코로나바이러스에 대한 노출과 전염을 줄일 수 있는 많은 지침을 실행해 왔습니다. 이 어려운 시기를 극복하기 위해 다음의 내용을 주지하시기 바랍니다.

-- 매니저와의 소통이 매우 중요합니다. 이런 격동의 시기에 도움이 필요하면 바로 매니저에게 알리십시오.

-- 재택근무를 원활히 할 수 있도록 회사는 가상 기술 채택을 서두르고 있습니다. 이를 위해 현재 새로운 조직 인프라와 정보를 구축 중이며 재택근무의 성공과 지속성을 보장하기 위한 최고의 운영 방안을 찾고 있습니다.

-- 사회적 거리두기로 인해 학교 폐쇄/환승 감축과 같이 우리의 개인 생활에도 많은 영향이 있을 것입니다. 가상 기술을 활용한 업무와 상호작용을 통해 [회사명]은 이런 문제를 최소화하고 직원들을 완벽하게 지원하기 위해 노력하고 있습니다. 귀하의 이해와 인내심에 감사드립니다.

병가/지각 Sick Day(Leave)/ Late for Work Excuses

직장인이라면 아파서 결근해야 하거나 과음 등으로 늦게 일어나 지각해서 직장상사의 눈치를 본 경우가 한두 번쯤은 있을 것이다. 누구에게나 일어날 수 있는 일이지만, 회사마다 규정이 다르기 때문에 결근 혹은 지각에 대해 해명 혹은 양해를 구하는 사유서를 제출해야 하는 경우가 있다.

특히 아파서 직장을 하루 결근해야 하거나 장기간 병가 등을 요청할 경우에는 반드시 사전에 사유서를 작성해서 제출하도록 하는 회사가 대부분이다. 거의 모든 외국계 회사들은 이런 병가나 지각 등과 관련된 서식을 갖추고 있기 때문에 회사가 정한 서식에 따라 보고하는 게 중요하다.

⊚ 양해 이메일 대상

- Sick day excuses 병가 사유
- Leave of absence requests 결근 요청
- Explanations for being late for work 지각 해명

⊚ 작성 요령

❶ 소속 회사/기관이 정한 각종 사유서 작성 방식, 보고 형식을 따른다.
❷ 결근/병가 사유서의 경우 감기, 장염 등 명확한 사유를 언급한다.
❸ 회사 방침이 증빙 자료를 요구할 경우 의사 진단서를 첨부한다.

❹ 비상 시 연락 가능한 전화번호를 명기한다.

❺ 결근/병가에 본인 대신 업무를 맡는 대리 근무자 이름을 언급한다.

❻ 지각 시 사과의 뜻을 먼저 분명히 밝힌다.

❼ 지각에 따른 결과/책임을 인식하고 있음을 언급한다.

❽ 교통체증 같은 지각의 구체적인 사유를 설명하되, 늦잠 등 개인의 태만을 강조하는 사유는 피한다.

❾ 똑같은 실수를 되풀이하지 않겠다고 다짐한다.

◉ 내용 구성

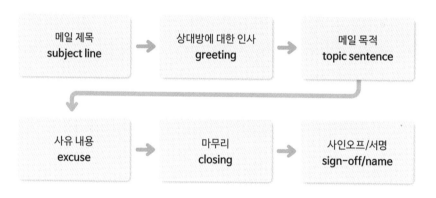

◉ 많이 쓰는 단어

absence	appreciate	flat tire	leave	unavailable
accident	attach	flu	phone	understanding
advised	cold	handle	reschedule	urgent
answer	delay	headache	sickness	waiting
apology	email	late	traffic	workload

⊙ 많이 쓰는 표현

■ 결근/병가

● I'm emailing you to inform you that I can't make it to work today.
오늘 회사를 결근해야 하기에 이메일을 보냅니다.

● I'd like to request to work from home because …
∼ 이유로 재택근무를 신청하고자 합니다.

● I will be out of the office between …
∼ 기간 동안 회사를 비울 예정입니다.

● I've come down with the flu, so I'm going to take the day off.
제가 감기에 걸려서 오늘 하루 결근해야겠습니다.

● I went to the emergency room last night and the doctor confirmed that I've got the flu.
어젯밤 (몸이 안 좋아서) 병원 응급실에 갔는데, 감기에 걸린 것을 확인하였습니다.

● I was advised to stay home because it will take time for me to fully recover.
회복까지는 시간이 걸리므로 집에 머물러야 한다고 들었습니다.

● I'll be available to answer emails/telephone calls if you need urgent help.
급한 용무라면 이메일을 보내시거나 전화하시면 답하도록 하겠습니다.

● [Name of colleague] will handle my workload today.
[동료 이름]이 오늘 제 업무를 대신 맡을 것입니다.

● I'd appreciate it if you would forward this email with the attachment to HR.
첨부 파일과 함께 이 이메일을 인사부로 전달해 주시면 감사하겠습니다.

■ 지각 사과

● I'm sorry for being late.
지각해서 미안합니다.

● I'm sorry, but I'm going to be late.
미안하지만, 늦을 것 같습니다.

● I'm sorry, but I won't be able to make it to my appointment on time.
미안하지만, 약속 시간에 맞춰 도착하지 못할 것 같습니다.

● I'm sorry, but I don't think I'm going to make it to the meeting on time.
미안하지만, 회의 시간에 맞춰 가기가 어려울 것 같습니다.

● Please accept my deepest apology for showing up late to the presentation.
프레젠테이션에 시간 맞춰 도착하지 못한 점 사과드립니다.

■ 지각 이유

● I failed to allow myself extra time for traffic …
교통체증을 예상해서 넉넉하게 출발해야 했지만.

● I had a flat tire.
자동차 바퀴가 펑크가 났습니다.

● I was in an accident.
사고를 당했습니다.

● I had a family emergency.
급한 집안 문제가 생겼습니다.

● My train/bus was delayed.
기차/버스가 연착됐습니다.

● I may be about 30 minutes late.
30분 정도 늦을 것 같습니다.

- Would it be possible to reschedule?

  다시 약속을 조정할 수 있을까요?

- I'm sorry to keep you waiting.

  기다리게 해서 죄송합니다.

⊙ 이메일 제목

어떤 사유서와 관련된 이메일인지 명확하게 밝히는 제목이 좋다.

- Subject: Apology for Being Late

  제목: 지각 사과

- Subject: [Your Name] Absence Notification

  제목: [본인 이름] 결근 통지

- Subject: Sickness Absence Letter for [Your Name]

  제목: 병가 [본인 이름]

✉ 독감으로 인한 병가 요청

Subject: [Your Name] Sick Day Today

Dear [name],

I'm afraid that I can't make it in to work today. I've come down with the flu, so I'd better stay away from work for a few days. I will be checking emails throughout the day and responding to anything urgent. I can also be reached on my cell phone: [phone].

오늘 출근을 못 할 것 같습니다. 갑작스럽게 독감에 걸려서 며칠 동안 회사에 가지 않는 게 좋을 듯 합니다. 제게 온 이메일은 계속 확인하고 급한 업무는 처리하겠습니다. 제 핸드폰[번호]으로도 연락이 가능합니다.

✉ 심한 두통으로 인한 병가 요청

Subject: Sick Day – [Your Name]

Dear [name],

I'm emailing you to inform you that I can't make it in to work tomorrow because I am suffering from a very bad headache due to my high blood pressure. The doctor has advised strict bed rest. Therefore, I request you to kindly grant me a leave of absence for one day [date].

[Colleague's name] has agreed to look after my tasks for the day, and I will be available to answer any urgent emails.

Thankful for your consideration.

Sincerely,

[Your name]

고혈압으로 인해 두통이 심해져서 내일 출근할 수 없어 이렇게 메일을 보냅니다. 의사는 장기요양(엄격한 입원 치료와 휴식)을 권하고 있습니다. 그래서 하루 [날짜] 휴가를 요청합니다. [동료 이름]이 제 업무를 대신 맡아주기로 동의했습니다. 급한 용무 내용의 메일은 직접 답변하겠습니다. 배려해 주셨으면 합니다.

✉ 중요한 미팅 지각에 대한 사과

Subject: Apology

Dear [name],

I need to start with an apology for being late to the meeting with [company name] this morning. I understand that, as a sales team, we need to always present ourselves as being professional and reliable, and punctuality is a large part of professionalism. I, therefore, let down the entire sales team with my behavior. I failed to allow myself extra time for traffic and to anticipate that the freeway might be blocked by an accident, as did unfortunately happen.

I've emailed [company name] expressing my regret and asked if it **would be possible to reschedule** the meeting at their earliest convenience.

Please know that I've taken the necessary measures to ensure that this won't occur again, and I will stand by my promise.

I appreciate your patience and understanding.

Sincerely,

[Your name]

먼저 오늘 아침 [회사 이름]과 예정됐던 회의에 늦은 점 사과드립니다. 영업팀에 근무하는 사람은 항상 전문성과 신뢰감을 주어야 하며, 이를 위해서는 시간 엄수가 가장 중요하다는 점을 잘 알고 있습니다. 제 행동으로 영업팀 전체를 실망시켰습니다. 교통 체증을 고려하여 좀 더 여유 있게 출발했어야 하는데 그렇지 못했고, 설상가상으로 사고로 인해 고속도로가 막혀 제 시간에 도착하지 못했습니다. 저는 미팅이 예정되어 있던 [회사 이름]에 이메일로 보내서 유감의 뜻을 표하고 가능한 빠른 시일 내에 회의 일정을 다시 조율할 수 있는지 질의하였습니다. 다시는 이런 일이 일어나지 않도록 주의하겠으며 약속을 어기는 일은 없을 것임을 맹세합니다. 인내해 주시고 이해해 주셔서 감사드립니다.

대중교통 고장으로 인한 지각 사유서

Subject: A Note of Apology

Dear [name],

I deeply apologize for showing up late at work today. **My train was delayed** due to a technical issue.

I am sorry for letting management and my colleagues down. I promise this will not happen again. Kindly accept my apology.

Sincerely,

[Your name]

오늘 회사에 늦게 출근한 것에 대해 깊이 사과드립니다. 기술적인 문제로 제가 이용하는 출퇴근 기차가 연착되었습니다. 경영진과 동료들을 실망시켜서 미안합니다. 다시는 이런 일이 일어나지 않을 것임을 약속드립니다. 제 사과를 받아주시기 바랍니다.

경고/질책 Warnings/Reprimands

　직장생활을 하다 보면 도를 넘거나 눈살 찌푸리게 하는 직장 동료/상사를 보는 경우가 있다. 이 경우 회사의 담당 부서에 공식적으로 문제를 제기하게 되는데, 회사는 불만이 접수되면 해당 직원에 대해 경고를 준다. 첫 번째는 경고를 주지만, 같은 행위가 반복될 경우 질책이나 문책, 심지어 해고로 이어질 수도 있다.

　경고/질책과 관련된 이메일은 해당 직원의 행위가 바람직하지 않으며 사규 혹은 규정에 근거하여 회사에서 받아들일 수 없다는 점을 강조해야 한다. 또한 경고에도 불구하고 바람직하지 않은 행위가 반복 혹은 지속될 경우 회사가 취할 조치와 당사자가 받게 될 불이익에 대해서도 명확히 알려야 한다. 회사는 사안의 경중을 가려 경우에 따라서 해당 직원을 해고하거나 고발할 수 있다.

◎ 경고/질책 이메일 대상

- Unacceptable behavior/conduct 용납할 수 없는 행동/행위
- Violation of company policies 회사 정책 위배
- Poor performance 낮은 업무 성과
- Insubordination 지시 위반
- Gossiping/Vulgar language 험담/저속어 사용
- Sexual harassment 성희롱

- Excessive absenteeism/tardiness 과도한 결근/지각
- Dress code violations 복장 규정 위반
- Making threats to a company employee 회사 내 위협 행위
- Long breaks 과다한 휴식시간
- Negligence 태만
- Leave without notice 무단결근

⊙ 작성 요령

❶ 문제가 된 행위가 무엇이고 회사가 인지하고 있다는 경고의 문구로 시작한다.

❷ 특정 행위가 왜 문제가 되는지를 사규 등에 의거하여 설명한다.

❸ 특정 행위가 초래할 심각한 결과(문책, 해고, 법적 책임 등)에 대해 경고한다.

❹ 같은 행위가 반복될 경우 명백한 조치를 취할 것임을 분명히 한다.

❺ 행위를 즉각 금지할 것을 촉구하고 향후 예의주시하겠다는 점을 강조한다.

⊙ 내용 구성

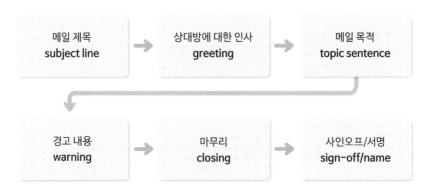

많이 쓰는 단어

action	conduct	immediately	policy	termination
attitude	demand	inappropriate	reform	unacceptable
behavior	eliminate	inform	rules	violate
cease	final	official	stop	warning

많이 쓰는 표현

- It has come to our attention that you have been continuously …
  귀하가 지속적으로 ~을 하고 있음을 우리가 주시하고 있습니다.

- This is an official warning of your inappropriate behavior …
  귀하의 부적절한 행동에 대한 공식적인 경고입니다.

- Consider this letter to be your final warning that the behavior …
  귀하의 행동에 대한 최후의 경고라는 점을 명심하시기 바랍니다.

- We expect every employee to respect and follow company guidelines in order to maintain a collaborative and performance-oriented work culture.
  협업 및 성과 중심의 업무 문화를 유지하기 위해서는 모든 직원이 회사의 가이드라인을 준수하고 존중해 줄 것을 기대합니다.

- Please be aware that any future incidents of this misconduct on your part will be a reason for dismissal.
  향후 귀하의 이러한 반복된 위법 행위는 해고 사유가 될 것임을 유의하십시오.

- Any re-occurrence of the violation will ensure strict action against you that may be followed by suspension without pay or termination without prior notice.

위반 사항이 재발할 경우 엄격한 징계가 내려질 것이며, 무급 정직 또는 사전 통지 없이 곧바로 해고될 수 있습니다.

⊙ 이메일 제목

경고 문구와 함께 어떤 행위/문제 등에 관련된 것인지를 명확하게 표시한다.

- Subject: Warning for Disciplinary Incident
  제목: 규율 위반 사건에 대한 경고

- Subject: Warning for Harassment
  제목: 성희롱에 대한 경고

- Subject: Warning for Poor Performance
  제목: 낮은 성과에 대한 경고

✉ 잦은 결근에 대한 경고

Subject: Warning Notice

Dear [name],

This is to inform you that I have noticed your frequent absenteeism from work based on the attendance records. Your excessive absenteeism is negatively affecting both your individual performance at work and your team's productivity. We take this seriously, and we expect all our employees to comply with our company's policy regarding time off.

We expect you to correct your behavior immediately. Otherwise, we will have to take further disciplinary action up to and including termination.

Please contact me directly if there's any way I can help you.

Sincerely,

[Your name]

귀하의 출근 기록을 확인한 결과, 결근이 잦아서 주시 대상임을 알려드립니다. 지나친 결근으로 인해 직장에서의 개인 실적과 팀의 생산성 모두에 부정적인 영향을 미치고 있습니다. 회사는 이를 심각하게 받아들이며, 모든 직원들이 휴가에 대한 회사 방침에 따르기를 기대합니다. 즉시 잘못된 행동을 바로잡아 주십시오. 그렇지 않으면 해고를 포함해 가능한 모든 징계 조치를 취할 것입니다. 도움이 필요하면 직접 연락하시기 바랍니다.

✉ 저조한 실적에 대한 경고

Subject: Warning for Poor Performance

Hi [name],

It has been observed that since you joined our office, you are not performing up to the level expected. Despite encouragement, regular advice, and feedback from your supervisor, your performance has not improved.

You have approximately two months to demonstrate that you can learn and perform this job. **If you don't demonstrate immediate progress,** we will terminate your employment.

Please take this advice seriously as our priority is always to see employees succeed.

Sincerely,

[Your name]

귀하가 입사 이후 지금까지 기대에 못 미치는 성과를 내고 있음을 잘 알고 있습니다. 상사로부터의 격려와 규칙적인 조언, 그리고 피드백에도 불구하고 귀하의 성과는 향상되지 않았습니다. 귀하스스로 업무를 익히고 잘 수행할 수 있다는 것을 증명할 수 있도록 회사는 2개월 정도의 시간을 주고자 합니다. 이 기간 동안 즉각적인 진전을 보여주지 않는다면, 회사는 당신의 고용을 종료할 것입니다. 회사는 늘 직원들의 성과를 가장 우선시합니다. 이 충고를 진지하게 받아들이길 바랍니다.

✉ 직장 내 성희롱에 대한 경고

Subject: Warning for Sexual Harassment

Dear [name],

This is an official warning of your inappropriate behavior towards your co-workers. You have been violating our company's policy on sexual harassment. One of your fellow employees had complained that you continued to request a date after being told "no." It is critical that you understand that our company policy ensures that all employees have a safe and hostile free environment.

This is the first warning, but future violations of our sexual harassment policy or any policy will result in disciplinary action up to and including possible termination.

Respectfully,

[Your name]

동료들을 향한 귀하의 부적절한 행동에 대해 공식 경고를 보냅니다. 귀하는 우리 회사의 성희롱 정책을 위반해 왔습니다. 귀하의 동료 직원 중 한 명이 귀하에게 "싫다"고 했음에도 계속 데이트 신청을 받았다고 불만을 제기했습니다. 회사의 방침은 모든 직원들이 안전하고 적대적이지 않은 환경에서 일하도록 하는 것입니다. 이것은 첫 번째 경고이지만, 향후 또 다시 회사의 성희롱 정책이나 다른 어떤 정책이든 위반할 경우 해고를 포함하여 강력한 징계 조치가 내려질 수 있음을 명심하십시오.

항의/불만 Complaints/Grievances

직장 내에서 상사/동료로부터 부적절한 신체 접촉, 성희롱 혹은 차별 등 부당한 대우를 받는다면 그냥 참고 넘어가서는 안되며, 회사에 공식적으로 문제를 제기해 해당 직원에 대해 적절한 조치를 취하도록 촉구하는 것이 중요하다. 특히 사용자나 상급자가 직장에서의 지위 또는 관계 우위를 이용해 다른 근로자에게 신체적·정신적 고통을 주는 등의 행위 등을 가리켜 '직장 내 괴롭힘'이라고 하는데, 우리나라뿐만 아니라 많은 국가들이 이를 법 또는 사규로 금지하고 있다.

법과 사규로 엄격하게 금지하고 있음에도 한국 직장인 1,500명을 대상으로 실시한 조사에서 무려 73.7%가 유사한 경험을 했다고 답할 정도로 직장 내 괴롭힘은 심각한 상황이다. 영미권 기업들도 예외는 아니어서 직장 상사/동료와의 갈등을 소재로 한 영화가 많이 있을 정도이다. 또 한국에 진출해 있는 일부 외국계 기업에서도 이런 직장 내 괴롭힘이 종종 발생해 언론에 소개되고 있는 것을 보면 특정 국가, 특정 문화권의 문제로 국한하기 어렵다.

이 경우 회사 내 해당 부서에 공식적으로 면담 혹은 이메일 등을 통해 적절하게 문제를 제기하고 사태의 심각성을 알리는 것은 직장 내 괴롭힘으로부터 스스로를 방어할 수 있는 중요한 수단이다.

📍 불만 제기 이메일 대상

- Discrimination 차별
- Harassment 성희롱
- Bullying 직장 내 괴롭힘
- Unfairness 불공평
- Stress 스트레스
- Verbal/Physical abuse 언어적/신체적 학대

📍 작성 요령

❶ 회사가 사실 조사에 나설 수 있도록 구체적인 사례 중심으로 작성한다.

❷ 6하원칙에 따라 명료하고 논리적으로 기술한다.

❸ 사건 발생 날짜/시간/장소, 당시 현장에 있던 사람들의 실명/직위를 밝힌다.

❹ 증명할 수 없는 내용이나 추측은 배제한 채 사실만 적시한다.

❺ 감정에 치우쳐서 해당 상사/동료를 공격하고 모욕하는 언어를 써서는 안 된다.

❻ 사람이 아니라 그 사람이 한 부당 행위에 초점을 맞춰 불만을 제기한다.

❼ 부당 행위를 받았을 때의 느낌을 사실적으로 기술하되, 지나치게 감성에 호소하지 않는다.

📍 내용 구성

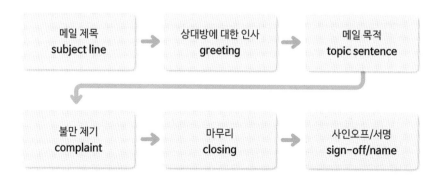

◎ 많이 쓰는 단어

action	concerned	inappropriate	uninvited
affect	discrimination	incident	unpleasant
bullying	embarrassing	inconvenient	unprofessional
charge	grievance	stress	unwanted
complain	harassment	unfairness	unwelcome

◎ 많이 쓰는 표현

- I am writing to ask if you could help me in resolving a problem that I am experiencing at work.
  직장에서 겪고 있는 문제를 해결하는 데 도움을 줄 수 있는지 문의하고자 메일을 보냅니다.

- I am writing to express my concern about the fact that …
  ~ 사실에 대해 우려를 표하기 위해 메일을 씁니다.

- I must complain in writing about the unpleasant experience that I had on [date].
  [날짜]에 겪은 불쾌한 경험에 대해 서면으로 불평하지 않을 수 없습니다.

- It is a problem that concerns me greatly and have been unable to solve without bringing to your attention.
  너무 걱정이 되어서 귀하에게 알리지 않고는 도저히 해결할 수 없었던 문제입니다.

- I found [colleague's name]'s conduct to be unwanted, uninvited, and unwelcomed.
  [동료 이름]의 행동은 누구도 원치 않고, 싫어하며, 불쾌해 하는 것입니다.

- I told my immediate supervisor about the situation after the first incident, but [name of person] has not stopped.
  1차 사건 이후 상황을 직속 상사에게 보고했지만 [가해자]는 멈추지 않고 있습니다.

- I believe that my evaluation was unfairly conducted and does not accurately reflect my work.

  저에 대한 평가가 불공정하게 이뤄졌으며 제 성과를 정확하게 반영하지 못하고 있습니다.

- I request that you kindly take up the matter and take necessary action.

  부디 그 문제에 대한 조사에 착수하여 필요한 조치를 내려주기를 요청합니다.

이메일 제목

어떤 불만에 관한 것인지를 명확하게 표시한다.

- Subject: Gender Discrimination at Workplace

  제목: 직장 내 성차별

- Subject: Abusive Language from Supervisor

  제목: 상사의 언어 학대

- Subject: Unfair Treatment

  제목: 불공정한 대우

EXAMPLE

✉ 성희롱 불만 제기

Subject: Official Complaint of Sexual Harassment

Dear [name],

I am writing to express my concerns about the fact that my immediate supervisor, [supervisor's name], has been sexually harassing me while

I am trying to perform my work duties here at [company name]. The harassment started about two weeks ago. [supervisor's name] came up behind me while I was seated at my desk, started rubbing my shoulders, and told me that if I would start spending more time with him then I could advance into another position quickly. I told him I wasn't interested, and he responded, "Not yet." Another employee, [colleague's name], was seated two desks away and looked toward me and shook her head, so I am sure she overheard the conversation.

About a week ago, [supervisor's name] approached me again near the copy machine and asked me if I had changed my mind. I asked what he was referring to, and he said, "Do you still want that promotion? If you do, then you can earn some bonus points by spending some time with me after work." Once again, I responded that I wasn't interested and told him he was making me feel uncomfortable.

On Friday of this week, [supervisor's name] told me that if I couldn't agree to spend more time with him after work, I would not get promoted. He also said that I would most likely be transferred to another department. [Colleague's name] overheard the conversation again and later told me that [supervisor's name] always gets his way, so I should probably reconsider.

I found [supervisor's name]'s conduct to be unwanted, uninvited, and unwelcomed. I ask you to properly investigate this matter and put an end to this inappropriate treatment.

Sincerely,

[Your name]

제 직속 상사가 [회사 이름]에서 업무 처리 과정에서 저를 성희롱하고 있다는 점을 밝히기 위해 메일을 보냅니다. 성희롱은 약 2주 전에 시작되었습니다. 제가 책상에 앉아있는데, [상사 이름]이 제 뒤로 다가와서 어깨를 주무르기 시작했고, 자기와 시간을 많이 보내면 빨리 진급할 수 있다고 추근댔습니다. 관심 없다고 말했더니, 그는 "흥, 아직은 아니군."이라며 비아냥거렸습니다. 대화가 오가는 동안 저와 책상 두 개 거리에 떨어져 앉아 있던 [동료 이름]이 제 쪽을 바라보며 고개를 절레절레 저었던 것을 보면 틀림없이 대화를 들었을 것이라고 확신합니다. 일주일 전쯤에는 복사기

근처에서 [상사 이름]이 다시 제게 다가와 마음이 바뀌었느냐고 물었습니다. 무슨 말을 하고 있느냐고 물었더니 "아직도 승진을 원해? 그렇다면 퇴근 후에 나와 시간을 보내면 특별 고과 점수를 줄 수 있다."고 말했습니다. 저는 다시 한번 관심이 없다고 말했고, 그의 행동이 저를 불편하게 한다는 점을 밝혔습니다. 이번 주 금요일, [상사 이름]은 노골적으로 퇴근 후 자기와 더 많은 시간을 보내지 않으면 승진하지 못할 것이라고 위협했습니다. 또한 제가 다른 부서로 이동할 가능성이 높다고 협박했습니다. 처음 대화를 우연히 들었던 [동료 이름]이 상사와 주고 받은 대화를 다시 듣고는 제게 다가와 [상사 이름]이 항상 자기 뜻대로 실행에 옮기는 사람이라면서 (데이트를) 받아들일 것을 권유했습니다. [상사 이름]의 행동은 누구도 원치 않는, 혐오스럽고 불쾌한 것입니다. 이 문제를 제대로 조사하여 저에 대한 부적절한 대우를 종식시켜 주실 것을 간곡히 부탁드립니다.

✉ 직장 내 성차별 불만 제기

Subject: Gender Discrimination at Workplace

Dear [name],

My name is [your name], and I have been an employee of [company name] for the past eight years. I have a great track record for finishing targets on time and perfect attendance. I feel that I have been discriminated against based on my gender. Lesser experienced employees have been promoted over me, and most of them seem to be men. I have been in the same position for the past two years, and have seen my male juniors get promoted ahead of me on multiple occasions. All the important projects seem to be given to men, so they can be easily promoted. Having suffered for a long time, I am standing up for myself.

I am writing this letter to you as a last resort, as the previous complaints registered with the Human Resources Department have fallen on deaf ears. My time at the company has been a good one, but this discrimination has left a bad taste in my mouth. It is really frustrating not to be appreciated by the company.

When I joined this company, I was assured of equal opportunity, but so far, this assurance has not been fulfilled. I have invested a good eight years of my life in this company, and I will fight for my rights. If this problem persists, I will be forced to hire a lawyer which can have a damaging impact on the reputation of the company and I am sure you don't want that to happen. Discrimination in the workplace regarding sex and age is a serious offense. I hope this matter is solved soon, to the satisfaction of both parties.

I have heard of your reputation for being an honest person, so I have faith that you will certainly help me.

Sincerely,

[Your name]

제 이름은 [이름]이고, 지난 8년간 [회사 이름]의 직원으로 일해왔습니다. 제 업무 이력을 보면 아시겠지만 저는 늘 마감 시간에 맞춰 목표를 끝냈습니다. 하지만 제가 성차별을 받아왔다는 느낌이 듭니다. 그 예로 저보다 경력이 짧은 직원들이 앞서 승진했고, 그들 대부분은 남자였다고 생각합니다. 저는 지난 2년 동안 승진조차 없이 같은 자리를 지키고 있는데, 남자 후배들은 여러 차례 저보다 앞서 승진하는 모습을 목격했습니다. 중요한 프로젝트는 모두 남자 직원에게 맡겨져서 그들이 승진에서 매우 유리할 수밖에 없습니다. 이런 성차별 때문에 오랫동안 괴로웠던 관계로 이제는 분명히 문제를 제기하고자 합니다. 앞서 인사부에 민원을 제기했지만 철저히 묵살되었고, 이번이 마지막이라는 생각을 하면서 메일을 씁니다. 회사에서 보낸 시간은 좋았지만, 이와 같은 차별은 제게 씁쓸한 뒷맛을 남겼습니다. 열심히 일하는 사람을 회사가 인정하지 않는다면 그것은 좌절 그 자체가 될 겁니다. 제가 이 회사에 입사했을 때 차별 없는 동등한 기회를 보장받았지만, 지금까지 이 같은 보장은 실현되지 않았습니다. 제 인생의 8년을 이 회사에 투자했기 때문에 저는 제가 응당 받아야 할 권리를 위해 싸울 것입니다. 만약 이런 문제가 지속된다면, 저는 변호사를 고용하여 회사의 평판에 나쁜 영향을 줄 수밖에 없을 것입니다. 회사는 그런 일이 일어나지 않기를 바랄 것입니다. 성과 나이에 따른 직장 내 차별은 심각한 범죄입니다. 저는 쌍방이 모두 만족할 수 있도록 문제가 빨리 해결되기를 기대합니다. 귀하가 정직한 사람이라고 들었습니다. 틀림없이 저를 도와줄 것이라고 믿고 있습니다.

상사의 언어폭력/모욕 불만 제기

Subject: Complaint Against Supervisor

Dear [name],

I am writing this letter to report a conflict I'm having with my supervisor, [name of supervisor]. To be more specific, I am referring to the constant discrediting, use of abusive language, and intimidation that I have been experiencing from [name of supervisor], especially on [date]. These incidents created a hostile, oppressive, and intimidating environment for me.

It is my wish that you try to find out what the problem is and act on it in the best way possible. I love working here, and I know that this is a company that values employee wellbeing. As such, I trust that you will handle this matter amicably.

I am looking forward to a positive response.

Sincerely,

[Your name]

상사인 [이름]과의 갈등을 보고하고자 이 메일을 씁니다. 구체적으로 말하면, [상사]는 저에게 끊임없이 욕설과 언어폭력, 협박을 가했는데, 특히 [날짜]에는 그 정도가 극도로 심했습니다. 이런 일련의 사건들로 인해 저에게 직장은 적대적이고, 억압적이며, 위협적인 환경으로 다가왔습니다. 바라건대 이 문제를 철저히 조사하여 무엇이 문제인지를 파악하고 가능한 한 최선의 방법을 찾아 대처해 주시기를 희망합니다. 저는 이 회사에서 일하는 것이 좋으며 회사가 직원들의 복지를 중시하고 있다는 것을 잘 알고 있습니다. 이 문제를 원만하게 잘 처리해 주실 것을 믿습니다. 긍정적인 답변을 기대합니다.

연봉 협상 Salary/Compensation Package Negotiations

직장생활을 하면서 느끼는 가장 큰 보람 중 하나는 좋은 성과를 낸 회사로부터 월급/연봉이 오를 경우일 것이다. 과거에는 직급마다 정해진 월급/연봉이 있었고 노사 임금 협상을 통해 매년 인상률이 정해지면 이를 기반으로 직급별로 월급/연봉도 따라 오르는 경우가 많았다. 하지만 요즘은 회사들이 성과급제도를 도입하는 사례가 증가해 개인 성과를 기반으로 월급/연봉을 책정하는 일이 많아졌다.

일반적으로 연봉 협상은 대학교 졸업 후 회사에 처음 입사하거나, 이직을 통해 중간에 다른 회사로 옮기는 경우, 또는 회사를 다니면서 매년 정기적으로 개인 성과를 기반으로 회사와 당사자 간 진행을 거쳐 최종 월급/연봉이 결정되곤 한다. 많은 경우 직장인들은 자신의 가치나 실제 성과보다 월급/연봉을 적게 받는다고 생각하면서도 회사와의 연봉 협상을 통해 이를 상향 조정하기가 쉽지 않다고 어려움을 토로한다.

연봉 협상과 관련된 이메일은 어쩌면 비즈니스 세계에서 가장 중요한 협상 중 하나이다. 그리고 직장생활 만족도, 업무 성과와 직결되는 문제이기 때문에 더 많은 연구와 조사를 통해 신중하게 접근해야 한다.

📍 연봉 협상 이메일 대상

- Salary 연봉
- Payment terms 급여 조건
- Compensation packages: benefits and perks 복리후생 패키지: 추가수당과 특전
- Education subsidies 교육 보조금
- Transportation subsidies 교통 보조금

📍 작성 요령

❶ 제목은 연봉 협상/조정/사내 보상 등에 관한 것임을 분명히 밝힌다.

❷ 현재 직장/직무에 만족하고 있음을 먼저 언급한다. 이직과 관련된 것이라면 잡 오퍼에 대한 깊은 관심과 함께 감사의 뜻을 먼저 언급한다.

❸ 연봉 협상 혹은 조정이 왜 필요한지를 설명한다.

❹ 연봉 인상의 근거가 되는 자신의 성과를 구체적으로 설명한다.

❺ 유사 업종/직무의 시장 평균 연봉 수준을 설명한다.

❻ 희망하는 구체적인 금액은 이메일에 언급하는 대신 직접 만나서 제시한다.

❼ 연봉 협상/조정과 관련해 인사 담당자와 미팅을 희망한다고 밝힌다.

❽ 이메일의 마지막은 긍정적 고려에 대한 기대와 함께 감사의 뜻을 전한다.

📍 내용 구성

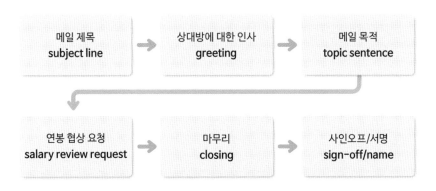

⊙ 많이 쓰는 단어

appreciate	discuss	opportunity	request
compensation	experience	performance	review
confident	favorable	position	role
consider	increase	raise	salary
contribute	meet	reasonable	value

⊙ 많이 쓰는 표현

- Before I accept your offer, I would like to discuss the matter of salary/compensation.
  제안을 받아들이기 전에 연봉과 복리후생에 대해 논의하고자 합니다.

- I would love to meet with you to discuss a salary increase.
  만나서 연봉 인상에 대해 논의하고 싶습니다.

- I am open to discussing alternative compensation, such as opportunities for additional stock options or increased performance-based bonuses.
  스톡옵션이나 성과 기반 상여금 등 다른 복리후생에 대해 열린 마음으로 의논하고자 합니다.

- Before I can accept your offer, let me discuss it with my family.
  귀하의 제안을 받아들이기 전에 먼저 제 가족들과 상의할 시간을 주셨으면 합니다.

- I am writing to request to set up a meeting to discuss my current compensation.
  현재 제 급여 및 복리후생에 대해 협의할 수 있도록 미팅을 요청합니다.

- I know that we can come to a mutual agreement on an acceptable salary.
  서로가 수용 가능한 연봉을 도출할 수 있을 것으로 생각합니다.

- Thank you for revising the offer.
  수정된 제안을 보내주셔서 감사합니다.

◎ 이메일 제목

연봉 협상/조정에 관한 것인지를 명확하게 표시한다.

- Subject: Request for Salary Review
  제목: 연봉 검토 요청

- Subject: Request for Salary Revision
  제목: 연봉 재조정 요청

- Subject: Request for Salary Increment
  제목: 연봉 인상 요청

✉ 연봉 협상/인상 요청

Subject: Request for Salary Review

Dear [name],

I am writing this to request your favorable review of my current salary. I genuinely enjoy my role as a marketing manager here at [company name] and in the past three years, I have gained a great deal of experience working with my colleagues and the marketing team. Not only have I had the opportunity to build on my skill set, but I've also been able to bring additional knowledge to the table, including my work on the recent rebranding project.

It was a real pleasure to grow more and gain valuable insight to maximize my work output. But, as my role evolved since my initial hire, I am writing to request to set up a meeting to discuss my current compensation. I value my position within the team, and I look forward to bringing additional insight into our future projects.

I would love to meet with you to discuss a salary increase. Please let me know when you are available to discuss this matter further. I appreciate your consideration.

Sincerely,

[Your name]

현재 받고 있는 제 급여와 관련해서 인상을 긍정적으로 검토해 주실 것을 요청하고자 이렇게 메일을 보냅니다. 저는 이곳 [회사 이름]에서 마케팅 매니저로 일하면서 지난 3년간 누구보다 제 일을 사랑했고 동료들을 비롯해서 마케팅팀으로부터 많은 경험을 쌓았습니다. 제 기술을 발전시킬 기회를 가졌을 뿐만 아니라 최근 소비자의 기호에 맞춰 기존 브랜드를 새롭게 하는 리브랜딩 프로젝트에 대해서도 많은 기여를 했다고 자신합니다. 스스로를 더욱 성장시켜서 통찰력을 기르고, 그로 인해 제 업무 분야에서 최대한의 결과를 도출했다고 생각합니다. 이런 점에서 제가 받고 있는 현재의 연봉을 조정하기 위한 미팅을 요청하고자 합니다. 마케팅팀 안에서 제가 차지하는 비중이나 다가올 프로젝트에서 제가 기여할 수 있는 부분이 많다고 생각하기 때문입니다. 얼굴을 뵙고 연봉 인상을 의논하고 싶습니다. 언제 시간이 가능한지 알려주시면 감사하겠습니다. 긍정적인 검토 부탁드립니다.

✉ 이직과 관련된 연봉 협상

Subject: Mutual Agreement on Salary

Dear [name],

Thank you for sending over the job offer package for the marketing director position at [company name]. I want to state again how honored I am to be considered for this exciting position and appreciate you sharing these details.

Before I can accept, I would like to discuss the matter of salary and other compensation packages. As we discussed in the interview, I have four more years of experience and formal training than you required in the job description. I have also demonstrated my capabilities in my last position at [company name] by increasing sales in my division by 20% and personally landing several multi-million dollar sales. With my expertise, an acceptable salary would fall in the range of [min. amount- max. amount], a bit higher than your offer of [offered amount].

I'm confident that I would become a valuable asset to the company. I know that we can come to a mutual agreement on an acceptable salary.

Thank you for your time.

Sincerely,

[Your name]

[회사명]의 마케팅 이사 직책에 대한 급여 복리후생 패키지 제안을 보내주셔서 감사합니다. 다시 한번 이 자리를 저에게 제안해 주신 것을 영광으로 생각하며 급여 등 세부 내용을 공유해 주신 데 대해서도 감사드립니다. 다만 제안을 받아들이기 전에 급여와 기타 복리후생 패키지에 대해 의논드리고 싶습니다. 면접에서 말씀드렸듯이 저는 해당 직위에 필요한 경력보다 4년의 경력과 공식 훈련 과정을 더 갖고 있습니다. 가장 최근에 일했던 [회사 이름]에서는 부서 매출을 20%나 늘리고, 개인적으로 수차례나 수백만 달러짜리 판매 계약을 달성하기도 했습니다. 제 전문성을 고려하면 받아들일 수 있는 급여는 [최소 금액 – 최대 금액]의 범위에 해당하며, 이는 귀사가 제안한 [금액]보다 조금 높은 수준입니다. 저는 귀사의 소중한 자산이 될 자신이 있습니다. 노력한다면 상호 수용할 수 있는 수준의 연봉 도출이 가능할 것으로 생각합니다. 시간 내주셔서 감사합니다.

✉ 협상 후 최종 연봉 수락

Subject: Salary Acceptance

Dear [name],

I am very pleased to be considered for the position of public relations manager at [company name]. I hope to contribute to the company positively with my skills and dedication.

As per our earlier discussion, I agree to a monthly starting salary of [amount] and other benefits you offered me.

I look forward to joining you on [date]. It will be an honor to work with [company name]. Please let me know if you need more information.

Best regards,

[Your name]

[회사명] 홍보 담당 매니저 자리의 적임자로 저를 선택해 주신 데 대해 감사드립니다. 제가 갖고 있는 장점과 헌신적인 노력으로 귀사의 발전에 많이 기여하겠습니다. 앞서 논의한 바와 같이 제가 매달 받는 초봉[금액]과 여타 복리후생 혜택 제안에 동의하는 바입니다. [날짜]에 귀사에 정식으로 합류하기를 고대하며, 함께 일하게 되어 영광으로 생각합니다. 혹시 필요한 정보가 있으면 언제든지 연락 주시기 바랍니다.

해고/사직 Terminations/Resignations

비즈니스 세계에서 영원한 것은 없다. 직장도 마찬가지다. 회사가 해고를 할 수도 있고, 본인 스스로 사직서를 던지고 새로운 출발을 할 수도 있다. 몸담았던 조직과 이별을 하는 것은 슬픈 일이지만, 돈에 따라 움직이는 비즈니스 세계에서 자천타천으로 회사와 계약 관계를 끝내는 것은 어쩔 수 없는 현상이다.

기뻐할 일이 아니기 때문에 해고 혹은 사직과 관련된 이메일은 해당 직원/회사에 대한 좋은 기억과 추억을 언급하고 이런 일이 벌어지게 된 점에 대해 안타까움을 표시하는 게 기본이다. 언제, 어떻게 다시 인연을 맺을지 모르는 비즈니스 세계에서 헤어지더라도 좋게 헤어지는 법을 배우는 것은 매우 중요하다.

특히 해고 통보의 경우 해고의 이유를 분명히 밝히고 해고 날짜, 퇴직금 등 퇴직 후 처리해야 할 일에 대해서 언급해야 한다. 그리고 해당 직원이 퇴직 후에 경력 개발과 관련해서 경력증명서 발급 등 도움이 필요하면 언제든지 돕겠다는 말을 붙이는 게 좋다.

⊙ 해고/사직 이메일 대상

- Employment contracts 고용 계약
- Downsizing/Layoffs 구조 조정/해고
- Violation of company regulations 회사 사규 위반

- Accepting a position with a new company 새 직장으로의 이직
- Resignation 사직
- Retirement 은퇴

⊙ 작성 요령

❶ 해고의 경우 제목에 '계약 종료'라는 표현과 함께 해고 사유를 밝힌다.

❷ 해고 결정이 난 데 대해 아쉬움을 먼저 표현한다.

❸ 해고 날짜를 명확히 밝히고 해고 사유를 솔직하게 설명한다.

❹ 퇴직금, 보험 등 해고 이후 절차를 안내한다.

❺ 해당 직원의 행운을 빌어주고 제공할 수 있는 도움은 제공하겠다고 안내한다.

❻ 사직의 경우 최소 2주 전에 회사에 통보한다.

❼ 사직 날짜를 명확히 밝히고 이직, 건강, 은퇴 등의 이유를 설명한다.

❽ 마지막으로 회사에 대한 고마움, 회사와의 좋은 추억 및 인연을 다시 한번 상기시키고 필요하다면 상사/동료 등 함께 일했던 사람들에 대해서도 감사의 마음을 전한다.

⊙ 내용 구성

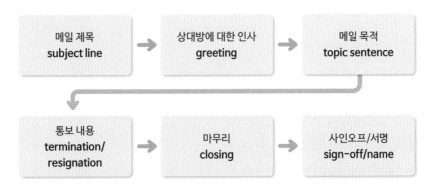

많이 쓰는 단어

action	effective	immediately	sever
appreciate	employment	new	tender
cancel	end	opportunity	thank you
conclude	enjoyed	regret	trained
decision	final	resign	valuable

많이 쓰는 표현

■ 해고

● I regret to inform you that your employment at [company name] will be terminated as of [date].

유감스럽지만 [회사명]과 귀하의 고용이 [날짜]를 기해서 종료됨을 알려드립니다.

● Your absenteeism has prevented you from performing the requirements of the position of [job title].

귀하의 지나친 결근으로 인해 [직위]에 주어진 업무를 수행하는 데 지장이 많습니다.

● We will all miss you here, but we are confident that your skills will lead you to an exciting opportunity soon.

귀하를 잃게 되어 다들 유감스럽게 생각하지만, 귀하의 능력을 고려할 때 조만간 좋은 기회를 갖게 될 것임을 확신합니다.

● Thank you for your service to [company name] over these past [time duration].

[기간] 동안 [회사명]에서 근무한 것에 대해 감사드립니다.

● This decision is not negotiable.

이 결정은 번복되지 않습니다.

■ 사직

● Thank you for the opportunity you have given me at [company name].
[회사명]에서 일할 수 있도록 기회를 주신 데 대해 감사드립니다.

● My [time duration] at [company name] have been the most memorable time in my life.
[기간] 동안 [회사명]에서 일할 수 있었던 것은 제 인생에서 결코 잊지 못할 것입니다.

● I'm sad today to announce I am leaving, but it's time for me to pursue other opportunities.
사직을 발표하게 되어 유감입니다만, 이제는 다른 기회를 쫓아야 할 때라고 생각합니다.

● I am tendering my resignation because I've accepted a position at [company name].
[회사명]으로 이직하게 되어 사직서를 제출합니다.

● As you know, this was not an easy decision to make, but it seemed necessary due to family circumstances.
쉬운 결정은 아니었지만, 가정 형편상 어쩔 수 없는 것 같습니다.

● I wish the organization great success in the future and wish the best for the remaining staff.
앞으로 조직이 크게 성공하길 바라며, 남아 있는 모든 직원들도 잘 되길 바랍니다.

● It has been a great learning experience and a wonderful opportunity to have worked here at [company name].
[회사명]에서의 근무는 많은 것을 배울 수 있었던 좋은 경험이자 멋진 기회였습니다.

● My best wishes to each of you, and best wishes for a bright future for [company name].
[회사명]의 밝은 앞날을 기원하며, 여러분 각자에게 경의를 표합니다.

이메일 제목

해고 통보의 경우 '계약 종료'라는 표현과 함께 사유를 명확하게 표시한다.
사직서도 '사직'이란 표현과 함께 사유를 명확하게 표시한다.

- Subject: Termination for Poor Performance/Absenteeism
  제목: 저조한 성과/과도한 결근으로 인한 계약 종료
- Subject: Termination for Downsizing
  제목: 구조 조정으로 인한 계약 종료
- Subject: Resigning for a Personal Reason
  제목: 개인 사정으로 인한 사직

✉ **정리해고 통보**

Subject: Employee Termination Due to COVID-19

Dear [name],

I regret to inform you that your employment with [company name] will end as of [date]. Due to the COVID-19 (Coronavirus) pandemic, it has become necessary for the company to temporarily reduce its workforce.

This decision is not negotiable. You will receive two months' severance pay and salary owed.

If you have questions about company policies, your compensation, benefits, or returning company property, please contact me at [phone] or [email].

Sincerely,

[Your name]

[회사명]과 귀하의 고용 관계가 [날짜]로 종료됨을 알려드리게 되어 유감입니다. 코로나바이러스 (COVID-19) 대유행으로 인해 회사는 일시적으로 인력을 감축할 수밖에 없게 되었습니다. 이 결정은 번복되지 않습니다. 귀하에게는 2개월치 월급에 해당하는 퇴직금과 밀린 월급이 지급될 것입니다. 퇴직과 관련하여 회사의 정책이나 복리후생, 수당 또는 회사에 반환해야 하는 물품에 대해 궁금한 사항이 있으면 [전화번호] 또는 [이메일]로 문의하십시오.

✉ 성과 부진 해고

Subject: Termination for Poor Performance

Dear [name],

I regret to inform you that your employment at [company name] will be terminated as of [date]. After multiple discussions and reviewing your work assessment, you have failed to improve your work performance.

I wish you success in your future work.

Sincerely,

[Your name]

[회사명]과 귀하의 고용 관계가 [날짜]로 종료됨을 알려드리게 되어 유감입니다. 귀하의 업무 성과를 다각도로 평가하고 논의한 결과, 업무 능력이 기대에 못 미친다는 결론을 내렸습니다. 앞으로 잘 되기를 바랍니다.

✉ 사직

Subject: Resigning for a Personal Reason

Dear [name],

Please accept my formal resignation from [company name]. My final day will be [date], two weeks from today. Unfortunately, my family circumstances currently require my full attention, so I am leaving my position at [company name].

I am so grateful for my seven years at this company, and I will always be appreciative of your support and kindness I received from colleagues.

In the future, you can contact me at [personal email] or at [personal phone].

Thank you again, and I look forward to staying in touch.

Sincerely,

[Your name]

정식으로 사직서를 제출하고자 합니다. 제 마지막 근무 날은 오늘부터 2주 후인 [날짜]가 될 것입니다. 불행히도 지금은 가정을 돌봐야 하기 때문에 불가피하게 [회사]를 떠나게 되었습니다. 이 회사에서 7년 동안 일할 수 있었던 것에 너무 감사하며, 동료들이 보내준 지지와 친절은 결코 잊지 못할 것입니다. 앞으로는 [개인 이메일]이나 [개인 전화]로 연락 주시기 바랍니다. 다시 한번 감사드리며, 앞으로도 계속 연락하면서 지낼 수 있기를 바랍니다.

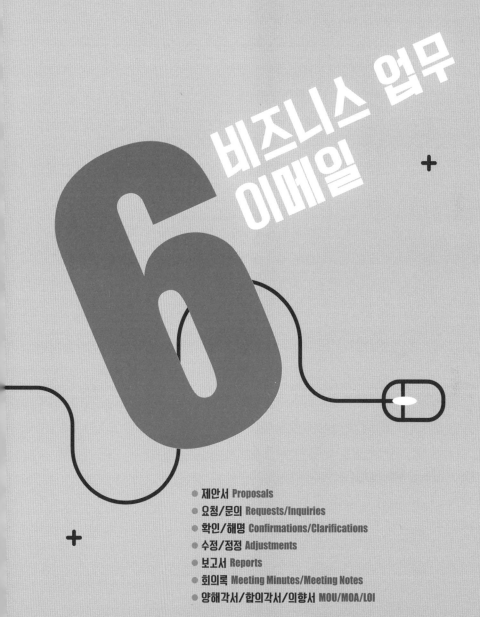

6

비즈니스 업무 이메일

- 제안서 Proposals
- 요청/문의 Requests/Inquiries
- 확인/해명 Confirmations/Clarifications
- 수정/정정 Adjustments
- 보고서 Reports
- 회의록 Meeting Minutes/Meeting Notes
- 양해각서/합의각서/의향서 MOU/MOA/LOI

제안서 Proposals

비즈니스 제안서는 제품/서비스를 판매하기 위해 고객을 설득하려는 목적으로 보내는 것을 말한다. 때로는 조직 내 부서 간에 제안서가 오가기도 하지만, 주로 B2B 비즈니스에서 제품/서비스 판매 초기 혹은 중간 단계에서 가장 많이 쓰이는 형태의 이메일이다.

제안서는 고객의 요구에 따른 요청 제안서(solicited proposal)와 고객의 요청 없이 일방적으로 보내는 비요청 제안서(unsolicited proposal)로 구분된다. (민관합작투자사업, 즉 PPP의 경우 solicited proposal은 정부 제안형, unsolicited proposal은 민간 제안형을 의미한다.) 제안서 관련 이메일은 상대방을 설득하기 위한 것인 만큼 제안에 대한 호감을 갖게 하는 것이 중요하다.

제안서 관련 이메일은 전문가가 아니면 이해하기 어려운 전문 용어보다는 알기 쉬운 용어와 문장으로 써야 하며 간혹 도표나 그래프 등을 활용하기도 한다. 제안서 이메일은 고객의 이해를 높이기 위해 일정한 형식의 목차를 정해서 만들되, 제안을 하게 된 배경, 구체적인 사업 제안 내용, 사업 기대 효과 등의 순서로 작성하는 게 좋다. 내용이 너무 길어진다고 생각하면 이메일에는 제안의 핵심 내용만 요약해서 적고, 더 구체적인 제안은 첨부 파일로 보내는 게 바람직하다.

제안서 이메일 대상

- Recommendations for products and services 제품/서비스에 대한 추천
- Suggestions for programs/projects/research 프로그램/프로젝트/연구 제안
- Bids and estimates 입찰과 견적
- Responses to inquiries/requests 문의/요청에 대한 답변

작성 요령

➊ 짧지만 눈길을 끄는 강한 제목을 통해 제안에 호감을 느끼게 한다.

➋ 제안을 보내는 상대방의 이름, 직책, 업무 등을 정확히 조사하고 보낸다.

➌ 상대방이 흥미를 느끼거나 필요로 하는 내용 위주로 작성한다.

➍ 제품/서비스 구매 시 고객이 누릴 수 있는 구체적인 목표를 시한과 함께 제시한다.

➎ 제품/서비스 구매 시 배송, 제품 이용 교육 등 향후 절차를 안내한다.

➏ 제품/서비스 구매와 관련된 소요 예산 범위를 제시한다.

➐ 보내는 사람의 직책, 전화번호, 이메일 주소 등 연락처를 잊지 않는다.

내용 구성

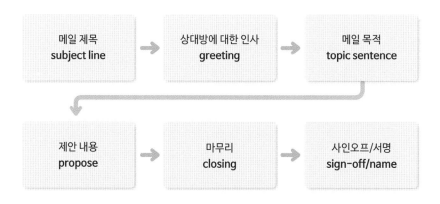

⊙ 많이 쓰는 단어

appreciate	detailed	needs	proven	respond
benefit	exceptional	opportunity	provide	review
budget	expect	option	question	save
consider	handle	problem	regard	solution
cost	hear	propose	request	solve

⊙ 많이 쓰는 표현

● I am writing today to follow up on yesterday's conversation.
어제 이야기한 것에 관해 좀 더 논의하고자 메일을 씁니다.

● Compared to the top three providers on the market, we are …
시판 중인 상위 3사와 비교할 때 우리 회사는~

● I am thrilled to have the opportunity to submit an official proposal
to help your company …
귀사에 도움이 되는 공식 제안서를 제출하게 되어 매우 기쁩니다.

● In response to your inquiry, I have attached the proposal which …
귀하의 문의 사항과 관련하여 다음과 같은 제안서를 메일에 첨부합니다.

● Our team would like to meet with you to discuss …
저의 팀은 ~를 논의하기 위해 귀하를 만나기를 원합니다.

● I would like to know further details regarding …
~에 관해 좀 더 구체적인 내용을 알고 싶습니다.

● We regret that we are unable to take your offer.
귀하의 제안을 받아들이지 못해 유감입니다.

● We look forward to partnering with you.
귀하와 파트너 관계 맺기를 고대합니다.

⊙ 이메일 제목

고객이 읽어보고 싶고 흥미를 느끼게 하는 제목이 좋다.

- Subject: Program Proposal
  제목: 프로그램 제안서

- Subject: Reduction in Cost
  제목: 비용 절감

- Subject: Proposal Details
  제목: 제안서 상세안

✉ 네트워킹을 활용한 제안

Subject: IT Banking Systems Package

Dear [name],

Good afternoon! My name is [your name] from [name of company]. I don't think we've met yet, but we're both alumni from [name of university].

I'm emailing you because I spent the last year working on an offering that might be perfect for your company. It is a specialized company-security software package specifically for IT banking systems.

Compared to the top three providers on the market, we are more than [insert amount] cheaper per month, while still providing all the features businesses need. If I'm right that switching to us would help you save money, I can personally assist you in registering for our service.

Thanks in advance for considering this, and you can reach me by either email or [phone number] at your earliest convenience.

I hope to meet you in person one of these days.

Sincerely,

[Your name]

안녕하세요! 저는 [회사 이름]에서 근무하는 [이름]입니다. 아직 만난 적은 없지만 저 역시 귀하와 같은 [대학명] 졸업생입니다. 귀사에 꼭 맞는 제안을 하기 위해 지난 1년간 작업한 내용을 알려드리고자 메일을 보냅니다. 다름 아닌 IT 뱅크 시스템에 특화된 기업 보안 소프트웨어 전문 패키지입니다. 이 제품은 시판 중인 상위 3개 공급 업체에 비해 월 [금액] 이상 저렴하면서도 기업이 필요로 하는 모든 기능을 다 갖추고 있습니다. 이 제품이 귀사의 비용 절감에 도움이 된다고 판단하여 구매를 희망하신다면 서비스 등록과 관련된 모든 절차를 적극 돕겠습니다. 긍정적인 검토 감사드리며, 편한 시간에 이메일이나 [전화번호]로 연락 주시기 바랍니다. 조만간 직접 뵙기를 희망합니다.

✉ 첫 메일 후 상대방 요청에 따른 공식 제안

Subject: Reductions in Operating Costs

Dear [name],

Regarding the discussion we had on the phone last week, I am thrilled to have the opportunity to submit an official proposal to help your company significantly lower its marketing costs. In the accompanying business proposal, we have outlined how we can help your company transform from simply trying to acquire new clients to a powerful new dual approach that will help you increase the retention of your existing customers by over 80% while at the same time targeting and acquiring new clients at a client acquisition cost that is 30% lower than you are spending now.

In response to your inquiry, I have attached the proposal which I hope will be useful to you. The attached proposal includes in-depth information detailing how we have helped other companies in your space to achieve their branding and marketing goals. You will also find examples of the work we have done within your sector.

Please call me at [phone number] if you have any questions or require further information. I am confident that we can create a personalized plan that suits the requirements of your company.

Sincerely,

[Your name]

지난주 전화로 상담한 것과 관련해서 귀사의 마케팅 비용을 대폭 절감하는 데 도움이 되는 공식 제안서를 보내게 되어 매우 기쁩니다. 제안서에는 기존 고객 유지율을 80% 이상 끌어올리는 동시에 신규 고객을 추가로 확보하는 데 필요한 구체적인 제안이 포함되어 있습니다. 기존 고객 유지와 신규 고객 확보라는 두 가지 목표를 동시에 달성하면서도 비용은 기존 비용보다 30% 더 낮은 장점을 가지고 있습니다. 문의하신 것에 도움이 될 제안서를 첨부합니다. 첨부한 제안서에는 우리와 거래했던 회사들이 어떻게 브랜드를 성공시키고 마케팅 목표를 달성했는지 상세히 기술된 정보를 비롯하여 귀사가 속한 산업 분야에서 이룬 당사의 성과도 포함되어 있습니다. 문의 사항 혹은 추가 정보가 필요하면 [전화번호]로 전화하십시오. 귀사의 요구 사항에 꼭 맞는 맞춤형 계획을 만들 수 있을 것으로 확신합니다.

✉ 제안서 확인 후 미팅 요청

Subject: Meeting to Discuss Proposal Details

Dear [name],

I'm writing to you in connection with the proposal you sent me on [date]. I would like to know further details regarding the optional services listed and estimated prices. Our team would like to meet with your organization to discuss your proposal further.

Kindly confirm your availability to meet with our team on [date] at [time] at our office located in [city name].

We await your prompt confirmation. Please do not hesitate to contact me either by email or [phone number] for any additional information.

Regards,

[Your name]

[날짜]에 보내주신 제안서와 관련하여 메일을 드립니다. 목록에 있는 추가로 제공되는 선택적 서비스와 예상 가격에 대해 더 자세한 내용을 알고 싶습니다. 귀사의 제안서와 관련해서 귀사와 우리 팀과의 미팅을 희망합니다. [날짜], [시간]에 [도시 이름]에 있는 저희 사무실에서 미팅이 가능한지 확인 부탁드립니다. 빠른 회신을 기다리겠습니다. 추가 정보가 필요하면 주저하지 마시고 이메일이나 전화로 연락 바랍니다.

요청/문의 Requests/Inquiries

　　요청 혹은 문의와 관련된 이메일은 어떤 제품/서비스/사안에 대해 궁금한 점이나 필요한 정보 등을 상대방에게 정중하게 요구하는 것이다. 그 대상은 간단한 제품 브로슈어에서 샘플에 관한 것을 받아보고 싶다는 요청일 수도 있고, 프로젝트 제안, 입찰 등과 같은 큰 규모의 성격일 수도 있다.

　　요청/문의와 관련된 이메일은 쓸데없이 길거나 모호하게 써서는 안 되며, 요청하는 것이 무엇인지 핵심 위주로 간결하면서도 명확하게 전달하는 게 혼란을 피하는 지름길이다. 요청/문의는 상대방에게 필요한 정보 등을 요청하는 것이므로 가급적 격식을 갖춰 정중하게 쓰는 게 바람직하다.

⊙ 요청/문의 이메일 대상

- Appointments/Interviews/Meetings 약속/인터뷰/회의
- Business assistance 사업적 도움
- Bids/Consultations/Proposals/Estimates 입찰/자문/제안/견적
- Information about job openings 채용과 관련된 정보
- Advice 조언

작성 요령

❶ 무엇에 관한 요청/문의인지 제목에 밝힌다.

❷ 요청/문의할 내용이 무엇인지를 먼저 정확하고 간결하게 언급한다.

❸ 요청/문의할 내용이 많다면 번호를 매겨 목록으로 정리한다.

❹ 마감 시한이 있다면 상대방에게 분명히 날짜를 전달한다.

❺ 격식을 갖춰 정중하게 요청/문의한다.

❻ 이름, 회사, 직책, 이메일, 전화번호 등을 잊지 않는다.

내용 구성

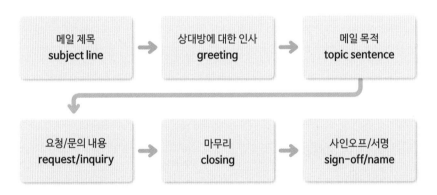

| 메일 제목 subject line | → | 상대방에 대한 인사 greeting | → | 메일 목적 topic sentence |

| 요청/문의 내용 request/inquiry | → | 마무리 closing | → | 사인오프/서명 sign-off/name |

많이 쓰는 단어

advice	enquire	meeting	request
answer	guidelines	order	respond
appreciate	help	plan	return
ask	information	prompt	save
assistance	inquire	record	status

📍 많이 쓰는 표현

- I'd like to know where we can obtain further/more information.
  보다 구체적이고 자세한 정보를 어디서 얻을 수 있는지 궁금합니다.

- I have received your email dated [insert date] requesting information about …
  [날짜]에 보내주신 메일에 ~에 관한 정보를 요청하는 내용을 확인하였습니다.

- I am writing to inquire whether your company could offer a …
  귀사에서 ~에 관해 제공할 수 있는지 알고 싶어 메일을 씁니다.

- I would be happy if you could …
  ~해 주신다면 감사하겠습니다.

- If you have time and are willing, let's schedule …
  시간이 괜찮으시다면 ~에 만나는 것으로 약속을 잡았으면 합니다.

- To simplify this process for you, please complete the attached form and …
  절차를 간단히 하기 위해 첨부된 양식을 작성하여 주시기 바랍니다.

- Please provide me a status report on our order, in writing, by …
  [날짜]까지 서면으로 본사의 주문 처리 상황에 대해 알려주시기 바랍니다.

📍 이메일 제목

요청/문의할 내용이 무엇인지 간결하게 밝히는 제목이 좋다.

- Subject: Information Request
  제목: 정보 요청

- Subject: Proposal Request
  제목: 제안서 요청

- Subject: Inquiry for Criminal Background Check
  제목: 범죄 경력 조회 요청

✉ 제품 샘플 요청

Subject: Request for Samples

Dear [name],

Please send me two samples of the model #A-202 by [date].

We plan to run our tests next Thursday. If the test results are satisfactory, we would like to order more products from your company.

Thank you for your time and effort.

Cordially,

[Your name]

모델 넘버 #A-202 샘플 2개를 [날짜]까지 보내주길 바랍니다. 다음 주 목요일에 테스트를 진행할 계획입니다. 테스트 결과가 만족스럽다면, 귀사에 더 많은 제품을 주문하고자 합니다. 귀하의 시간과 노력에 감사드립니다.

✉ 직원 학력 확인 요청

Subject: Education Verification Request

Dear [name],

The purpose of this email is to request confirmation regarding [student's name]'s education at your school.

To simplify this process for you, please complete the attached form and email the form directly back to the address below. Because this is time-sensitive for verifying background screening information, we thank you in advance for assisting us in confirming the information as quickly as possible.

Again, simply complete the attached form and send it to [email].

I appreciate your attention to this matter and your willingness to provide feedback on this verification process. Thank you for your assistance.

Sincerely,

[Your name]

당신의 학교 [학위 과정] 이수 여부를 확인하기 위한 메일입니다. 절차를 간소화하기 위해 첨부된 양식을 작성하신 후 아래 메일 주소로 직접 보내주시기 바랍니다. 학력 증명인 관계로 제 시간에 맞춰 보내주시기 바라며 가능한 한 빨리 정보를 확인할 수 있도록 협조 바랍니다. 첨부 양식을 작성한 후 이메일로 보내주시기 바랍니다. 이 사안에 관심을 가져주시고 검증 과정에 필요한 피드백을 흔쾌히 제공해 주셔서 감사합니다. 성원에 감사드립니다.

✉ 주문 상황 문의

Subject: Order Status

Dear [name],

There is some confusion here about the status of our order for [product] submitted on [date]. **Please provide me a status report on our order, in writing, by** Wednesday, [deadline date].

Yours truly,

[Your name]

[날짜]에 주문한 [제품] 주문 상황에 대해 혼선이 있는 것 같습니다. 수요일까지 서면으로 우리가 주문한 내용의 상황 보고를 제출하여 주시기 바랍니다.

확인/해명 Confirmations/Clarifications

비즈니스 관련 이메일을 주고받는 과정에서 잘못된 해석을 하거나 오해가 발생하면 이를 곧바로 확인한 후 문제가 있다면 정정하는 게 중요하다. 특히 제품주문이나 중요한 프로젝트 진행 과정에서 어느 한쪽이 잘못 이해하면 자칫 큰 문제가 발생할 수 있기 때문이다.

일반적으로 비즈니스에서 'clarification(letter)'은 '해명서'로도 해석된다. 해명서는 특정 사안에 대해 구체적으로 해명을 기술한 것으로, 제품 불량, 전산 착오, 진료 사고 등 각종 사안에 대한 해명을 말한다. 하지만 영미권에서는 제품 하자에 대해 경위를 밝히고 향후 필요한 조치를 취하는 것 외에도 비즈니스 커뮤니케이션 과정에서 발생할 수 있는 오해, 잘못된 해석에 대해 이를 확인하고 바로잡는 모든 행위를 가리키는 폭넓은 뜻으로 clarification을 사용하고 있다.

⊙ 확인/해명 이메일 대상

- Client's requirements 고객의 요청 사항
- Orders 주문 내용
- Contracts/Payment methods 계약/지불 방법
- Job offer conditions 채용 제안 조건
- Instructions 지시 내용
- Inquiries/Requests 문의/요청

📍 작성 요령

❶ 오해 혹은 이해하지 못하는 부분이 있다고 먼저 밝힌다.

❷ 오해 혹은 이해하지 못하는 부분이 어떤 것인지 구체적으로 언급한다.

❸ 오해나 잘못된 해석과 관련해서 상대방에게 책임이 있다고 비난하지 않는다.

❹ 상대방과의 커뮤니케이션 내용을 요약해서 설명한다.

❺ 본인이 해석하고 있는 것이 맞는지 질문 형태로 상대방에게 확인한다.

❻ 문장과 단어는 최대한 공손하고 정중한 것을 써서 상대방을 자극하지 않는다.

❼ 오해의 책임이 본인에게 있다면 같은 실수를 되풀이하지 않겠다고 쿨하게 다짐한다.

📍 내용 구성

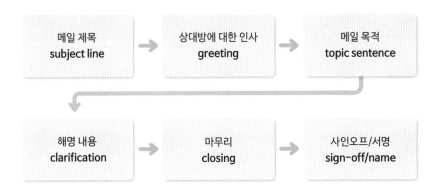

📍 많이 쓰는 단어

appreciate	elaborate	information	rephrase
clarify	example	make sure	sorry
clear	explain	mean	specific
correct	follow	meaning	sure
details	give	provide	understand

⊙ 많이 쓰는 표현

● I think I need more information because I do not fully understand what you were saying about …
귀하가 설명한 내용을 제가 정확하게 이해하지 못한 것 같아 추가 정보가 필요합니다.

● I'm afraid I don't understand what …
~에 관해 제가 정확하게 이해하지 못한 것 같습니다.

● I want to make sure we're on the same page.
정확하게 이해하고 계신지 확인하고 싶습니다.

● If you would send me a note clarifying the point I asked about, we could proceed from there.
제가 문의한 내용을 명확하게 해주신다면 일을 진행할 수 있을 겁니다.

● If I am understanding correctly, the company will …
제가 정확히 이해하고 있다면 회사는 ~

● I hope this clarifies our position on …
~에 관해 우리의 입장을 명확하게 하고자 합니다.

● Any additional information would be greatly appreciated.
추가 정보를 제공해 주신다면 감사하겠습니다.

⊙ 이메일 제목

어떤 내용에 관한 확인/해명인지를 명확히 밝히는 제목이 좋다.

● Subject: Order Confirmation/Clarification
제목: 주문 확인/해명

● Subject: Requirement Confirmation/Clarification
제목: 요구 사항 확인/해명

- Subject: Clarifying Technical Instruction

  제목: 기술적 지시 내용에 대한 해명

✉ **일정에 대한 확인**

Subject: Agenda Clarification

Hi [name],

Thanks for the information on our meeting agenda, but I'm afraid I don't understand what you want to do exactly after lunch. What do you mean by 'discussion 1 pm to 2 pm?' Thanks for clearing this up when you get a minute.

Regards,

[Your name]

회의 안건에 대한 정보 제공 감사합니다. 다만 점심 식사 후에 정확히 무엇을 하는 것인지, 명확하지 않아서 메일을 드립니다. '오후 1시부터 2시까지 토론'이 정확히 무슨 의미인가요? 시간 날 때 명확히 알려주시면 감사합니다.

✉ **계약 내용에 대한 확인**

Subject: Clarifying Payment Method and Deadline

Dear [name],

I'm not quite clear on a few terms of the transaction we have been discussing recently, and I want to make sure we're on the same page. I request this only in the interests of mutual understanding and to avoid any complications or delays once the project is underway.

One of the things that I've been unclear about in our conversation is the payment method and deadline. I think I need more information because I do not fully understand the part that you were saying about the method and deadline. Could you clarify in writing your understanding of that point for me?

If you would send me a note clarifying the point I asked about, we could proceed from there. Thank you for your attention to this matter.

Best regards,

[Your name]

최근 우리가 논의한 거래에 대해 명확하지 않은 부분이 있어서 상호 간에 정확히 이해하고 있는지를 확인하고자 메일을 씁니다. 명확한 상호 이해를 위해, 또 프로젝트 진행 후에 발생할 수 있는 오해와 업무 지연을 막기 위해 이 문제를 명확히 했으면 합니다. 대화 내용 중 제가 명확하게 이해하지 못한 것 중 하나는 결제 방법과 마감일입니다. 서면으로 이 사안을 명확히 해 주시기를 바랍니다. 문의한 사안에 대해 서면 확인을 해 주시면 그 시점에서 다시 일을 진행하도록 하겠습니다. 이 사안에 대해 관심을 가져주셔서 감사합니다.

✉ 고객 주문 확인

Subject: Clarifying Order #2422

Dear [name],

I am writing in connection with the order (#2422) which you emailed me yesterday. I'd like to know if the client is aware of the 'extra charges' you have applied to his account.

Could you also tell me if the client is entitled to a 10% discount? I believe this size of discount only applies to customers who have been with us for more than two years.

I would be happy if you could confirm these issues as soon as possible.

Regards,

[Your name]

어제 메일로 보내주신 주문서(주문번호 #2422)와 관련하여 메일을 보냅니다. 귀하가 고객에게 부여한 '추가 요금'을 고객이 정확히 알고 있는지 명확하게 하고 싶습니다. 고객이 10% 할인을 받는지의 여부도 알려주시겠습니까? 이 정도 할인율은 2년 이상 거래를 지속한 고객들에게만 적용되는 게 아닌가 해서 확인합니다. 가능한 한 빨리 확인해 주시면 감사하겠습니다.

수정/정정 Adjustments

비즈니스 과정에서 고객으로부터 주문 혹은 계약 등과 관련해서 불만이 접수되는 경우가 간혹 있다. 이런 불만을 제때에, 그리고 제대로 대처하지 못하면 주문 취소, 환불 요구는 물론, 계약 이행 위반 등으로 클레임을 당하는 수도 있다. 따라서 불만이 제기됐을 때 이를 빠르고 정확하게 처리하는 것이 매우 중요하다.

수정 혹은 정정 관련 이메일은 고객의 불만을 다루는 것이므로 신속하게 처리돼야 하며 정중하고 친절하게 응대해야 한다. 불만이 제기된 제품에 대해서는 사과의 뜻과 함께 환불, 교환, 보상 등이 제시될 수 있으며 비용 청구, 인보이스 등의 오류에 대해서는 수정된 내용을 다시 발송하여 문제를 해결할 수 있다.

⊙ 수정/정정 이메일 대상

- Billing errors 청구 오류
- Invoice errors 송장 오류
- Damages 훼손
- Refunds 환불
- Replacements 교환

작성 요령

❶ 수정/정정과 관련해서 문제를 제기한 데 대해 먼저 감사의 뜻을 전한다.

❷ 실수가 확인되면 곧바로 사과하고 수정을 약속한다.

❸ 고객의 불만에 귀를 기울이고 긍정적으로 답변한다.

❹ 고객의 입장에서 생각하고 정중하게 답변한다.

❺ 잘못이 확인됐다면 언제까지 처리가 가능한지 시한을 제시한다.

❻ 동일한 실수가 반복되지 않을 것임을 강조한다.

❼ 고객의 요구가 무리하다고 판단되면 회사 정책과 계약 내용 등을 토대로 받아들이기 어렵다는 것을 친절하게 설명한다.

내용 구성

| 메일 제목 subject line | → | 상대방에 대한 인사 greeting | → | 메일 목적 topic sentence |

| 수정 내용 adjustment | → | 마무리 closing | → | 사인오프/서명 sign-off/name |

많이 쓰는 단어

adjust	attention	mistake	regulate	return
amend	compensate	rebate	reimburse	satisfaction
apologize	correct	rectify	remedy	settle
appreciate	credit	redress	repair	solution
arrange	fault	regret	replace	solve

📍 많이 쓰는 표현

- **We were sorry to learn that you are dissatisfied with the product.**
  우리 제품에 만족하지 못하셨다니 죄송합니다.

- **After carefully reading your email sent on [date], we found that there was a mistake …**
  [날짜]에 보낸 메일을 검토한 결과, 실수가 있었음을 확인합니다.

- **We hope to continue to serve you.**
  계속해서 고객으로 모실 수 있기를 희망합니다.

- **Please accept our apologies for the inconvenience this has caused you.**
  이로 인해 초래할 불편함에 대해 사과드립니다.

- **We would like to replace your damaged product.**
  훼손된 제품을 새 제품으로 교환해 드리고 싶습니다.

- **We appreciate you spotting the error and lettings us know about it so courteously.**
  오류를 발견해 주시고 또 이를 정중하게 알려주셔서 감사합니다.

📍 이메일 제목

수정/정정할 내용을 명시하거나 그에 대한 회사의 조치를 밝히는 제목이 좋다.

- **Subject: Complaint about Broken Keyboard**
  제목: 키보드 파손에 대한 불만

- **Subject: Apologies for Billing Error**
  제목: 청구 오류에 대한 사과

- **Subject: Complaint Regarding Low Quality**
  제목: 품질 불만족

✉ 제품 불만에 따른 교환 약속

Subject: Replacement for Broken Bicycle

Dear [name],

We feel extremely sorry to hear that a broken bicycle had been delivered to your address. We take this very seriously. Please accept our apologies for the inconvenience this has caused you.

We would like to replace your bicycle with a brand-new bicycle of the same brand with no shipping costs for you.

We look forward to continuing to serve you.

Sincerely,

[Your name]

파손된 자전거가 고객님의 주소로 배송되었다는 소식을 듣게 되어 매우 유감입니다. 당사는 이를 매우 심각한 사안으로 받아들이며, 불편을 끼쳐드린 점 사과드립니다. 추가 배송비 없이 즉시 새 자전거로 교체해 드리겠습니다. 고객님을 계속 모실 수 있기를 희망합니다.

✉ 배송 과정 중 발생한 손해 보상

Subject: Replacement & Compensation for Damaged Shipment

Dear [name],

Thank you for telling us about the damaged shipment you received through [name of delivery services], and we regret the inconvenience that it has caused you.

Please return the order to us, complete with packaging. We will replace it immediately with a new one and also offer you a discount good for 10% off your next order as our way of apologizing for your inconvenience.

Thank you for your patience and cooperation during the necessary delays in processing your complaint.

Sincerely,

[Your name]

[배송 회사]가 배송한 제품이 파손됐다는 점을 알려주셔서 감사하며, 불편을 끼쳐 송구합니다. 상품을 포장해서 반송해 주십시오. 즉시 새 것으로 교체해 드리겠으며, 불편을 끼친 데 대한 사과의 의미로 다음 주문 시 10% 할인 혜택을 제공할 것을 약속합니다. 제품 교환 과정에서 불가피하게 시간이 소요될 것입니다. 귀하의 인내와 협조에 다시 한번 감사드립니다.

✉ 배송 지연 불만 대처

Subject: Shipping Delay

Dear [name],

Thank you for your email on [date] appealing the delay of the shipment of sunglasses. We apologize for the delay and the inconvenience that it has caused you.

We have checked with [delivery service name] and found that the company stopped delivery because of an internal strike. We shipped the glasses by express mail this afternoon, so you should receive them soon after this letter. I'm enclosing a discount coupon for 20% off your next purchase as our way of compensation.

Again, thank you for your patience.

Sincerely,

[Your name]

[날짜]에 보낸 메일에서 주문하신 선글라스 배송이 지연되고 있다는 점을 알려 주셔서 감사합니다. 제품 배송 지연과 그로 인해 불편을 끼쳐드린 점 사과드립니다. [배송 서비스 이름]을 확인해 보니 회사 내부 파업으로 배송 업무가 중단되었음을 알게 되었습니다. 오늘 오후에 주문하신 선글라스를 속달 우편으로 발송했습니다. 아마 메일 확인 후에 곧바로 선글라스를 수령하실 수 있을 것으로 생각합니다. 불편을 초래한 데 대한 보상으로 다음 구매 시 사용할 수 있는 20% 할인 쿠폰을 첨부합니다. 다시 한번 기다려 주셔서 감사합니다.

보고서 Reports

비즈니스맨들에게 보고서 작성은 새로운 사업 구상, 프로젝트 등을 제안하고 비즈니스 과정에서 일어나는 중요한 진행 사항 등을 조직 내 구성원 혹은 비즈니스 파트너와 공유하기 위한 것이다. 일부 직장인들은 이를 귀찮아할 수 있지만, 실상 비즈니스 과정에서 가장 효율적인 수단이자, 비즈니스 성공을 위해 빼놓을 수 없는 핵심 업무 중 하나이다.

보고서는 크게 보고서 작성자가 어떤 결정을 이끌어내기 위한 ① 합리화/권유 보고서(justification/recommendation reports), 위험 관리 차원에서 회사 내 의사 결정자의 결정 혹은 판단에 도움이 되는 ② 조사 보고서(investigation reports), 연구나 실험 결과를 요약해서 정리하는 ③ 연구 보고서(research reports), 특정한 이벤트 혹은 상황 등을 설명하기 위한 ④ 상황 보고서(situational reports) 등이 있다.

보고서 이메일 대상

- Business plans 비즈니스 플랜
- Business projects 비즈니스 프로젝트
- Investigations 조사
- Forecasts 예측
- Analysis 분석

📍 작성 요령

❶ 보고서는 서론, 본론, 결론으로 구성한다.

❷ 서론은 보고서를 작성하는 이유, 즉 문제에 대해 요약한다.

❸ 본론은 문제를 뒷받침할 수 있는 논거와 사실을 열거한다.

❹ 결론은 문제를 해결할 수 있는 방안을 제시한다.

❺ 보고서 형식은 6하원칙에 따라 명료하고 논리적으로 기술한다.

❻ 보고서를 읽을 대상이 누구인지를 먼저 설정하고 대상에 맞게 작성한다.

❼ 비즈니스에서 돈보다 더 중요한 것은 없으므로 예산에 초점을 맞춘다.

📍 내용 구성

| 메일 제목 subject line | → | 상대방에 대한 인사 greeting | → | 메일 목적 topic sentence |

| 보고 내용 report | → | 마무리 closing | → | 사인오프/서명 sign-off/name |

📍 많이 쓰는 단어

abstract	consider	estimate	introduce	procedure
agenda	decision	findings	investigation	recommendation
analysis	design	forecast	offer	research
calculate	discussion	inquiry	outcome	review
conclude	draft	Inspect	outline	summary

● We are investigating ways of ⋯

다양한 경로로 조사 중에 있습니다.

● We obtained feedback on our products/services by ⋯

∼를 통해 제품에 대한 피드백/서비스를 받았습니다.

● I have included my findings for your review in the attached report.

귀하의 검토를 위해 첨부한 보고서에 확인된 내용을 담았습니다.

● This report gives recommendations that ⋯

이 보고서는 다음과 같은 권고안을 제시합니다.

● The information gathered shows that with more effort we should be able to ⋯

수집된 정보에 의하면 ∼에 더 많은 노력을 기울여야 할 것으로 보입니다.

● The reason behind the decrease was ⋯

(매출) 감소의 원인은 ∼입니다.

● I wanted to provide you with a brief summary of how your project is progressing.

귀하의 프로젝트에 대한 진행 상황을 간략하게 요약해 드리고자 합니다.

tip 보고서 작성 시 유용한 표현

주제를 바꿀 때	반면	그리고	결론적으로
• As for, ~에 관해 • Finally, 마지막으로 • Firstly, 첫째 • Moving on to, ~ 주제로 넘어가면 • With regard to, ~에 관해	• Although, 비록 • Despite the fact that, ~불구하고 • In contrast, 대조적으로 • In spite of, ~불구하고 • However, 그러나 • Nevertheless, 불구하고	• Furthermore, 게다가 • In addition, 덧붙여서 • Moreover, 더욱이	• As a result, 그 결과 • Consequently, 결과적으로 • Due to the fact that, ~로 인해 • For that reason, 그로 인해 • In conclusion, 결론적으로

📍 이메일 제목

보고서가 어떤 내용과 관련된 것인지를 명확하게 표시한다.

● Subject: Report on Consumer's Preference Change
  제목: 소비자 선호도 변화 보고서

● Subject: Feasibility Study of Project
  제목: 프로젝트 타당성 조사

● Subject: Employee Satisfaction Survey
  제목: 직원 만족도 조사

📍 보고서 형식

축약해서 쓰는 이메일 보고서와 달리, 첨부 파일로 보내는 공식 보고서를 작성할 때는 다음의 순서대로 작성하는 게 좋다.

- **Cover Page** 제목/작성자/날짜
- **Table of Contents** 순서
- **Executive Summary** 요약
- **Industry Analysis** 산업 분석
- **Customer Analysis** 소비자 분석
- **Competitive Analysis** 경쟁력 분석
- **Marketing Plan** 마케팅 계획
- **Operations Plan** 실행 계획
- **Financial Plan** 예산/재무 분석
- **Appendix** 부록

✉ **사내 복지 설문조사 보고서**

Subject: Employee Satisfaction Survey Report

Hi [name],

At the monthly board meeting, the Vice President requested that I survey employees on their satisfaction with our employee benefits. I completed the project last week, and I have included my findings for your review in the attached report.

I will be happy to answer any questions you have. Additionally, I plan to present my report at Monday's HR meeting.

Thank you for taking the time to review the attached report.

Sincerely,

[Your name]

지난 번 월례 이사회에서 부사장님이 직원 복리후생에 대한 만족도 조사를 지시한 바 있습니다. 지난주에 만족도 조사를 마쳤고, 조사 결과에 대한 보고서를 첨부하오니 검토 부탁드립니다. 궁금한 점이 있으면 기꺼이 답변하겠습니다. 이번 조사 결과는 월요일 인사회의 때 보고서로 제출할 계획입니다. 시간을 내어 보고서를 검토해 주셔서 감사합니다.

✉ 일일 판매 보고

Subject: Daily Sales Report

Dear [name],

Good Morning! I am writing this to report to you about the daily sales on [date X].

A decrease of 20% was experienced on [date X] as compared to [date Y]. The amount for the sales was [sales amount on X] and [sales amount on Y], respectively. The reason behind the decrease was the strike in the area, because of which the store remained closed for almost three hours of the day.

The sales are expected to pick up on [date Z] and are expected to reach [expected sales amount], as the customers who could not come yesterday probably will visit today.

Let me know if you need any other information, I will be happy to answer them as best as I can.

Thank you.

Sincerely,

[Your name]

좋은 아침입니다! [날짜 X]의 일일 매출을 보고하기 위해 메일을 씁니다. [날짜 X]에서는 [날짜 Y]에 비해 20%의 매출 감소가 발생했습니다. 매출액 차이는 각각 [X 날짜 매출액]과 [Y 날짜 매출액]이었습니다. 매출 감소의 배경으로는 해당 지역에서 발생한 파업으로 인해 하루 영업 시간 중 3시간 동안 스토어 문을 닫을 수밖에 없었기 때문입니다. 파업으로 방문하지 못한 고객들이 오늘 다시 방문할 것으로 예상되어 판매량은 [날짜 Z]를 기해서 회복되고, [예상 판매량]에 도달할 것으로 예측됩니다. 추가적인 정보가 필요하시면 최선을 다해 답을 드리겠습니다.

Subject: Project Status Report

Hi [name],

I wanted to provide you with a brief summary of how your project is progressing:

– Your project is currently 80% complete
– 100% of all tasks in the design phase have been completed
– 75% of the tasks in the coding phase are finished
– The project management phase is 55% complete
– The quality control phase is 15% complete
– 35% of auxiliary tasks have been completed

The next thing we are planning to work on is the photo gallery component; we are aiming to have this completed by late next week.

Let me know if you have any questions.

Sincerely,

[Your name]

프로젝트가 어떻게 진행되고 있는지 간략하게 요약해 드리고자 합니다.

– 프로젝트 전체 진행률 현재 80% 완료
– 설계 단계 전체 공정의 100% 완료
– 코딩 단계 작업 75% 완료
– 프로젝트 관리 작업 55% 완료
– 품질 관리 작업 15% 완료
– 보조 과제 35% 완료

다음 작업 단계는 사진 갤러리 부문입니다. 다음 주 후반까지 이를 완성하는 것을 목표로 하고 있습니다. 궁금한 내용 있으면 알려주시기 바랍니다.

회의록 Meeting Minutes/Meeting Notes

회의록은 회의와 관련해 시간, 장소, 참석자, 발언 내용, 결정 사항, 산회 시간 등을 꼼꼼하게 작성하는 것이다. 비즈니스에서 회의록은 조직 내 의사 결정, 비즈니스 파트너와의 의사 소통을 확인해 주는 중요한 절차이며 의제나 안건에 대해 혼선이 없도록 정리하는 역할을 한다.

회의록은 때로 법적인 성격을 지니기 때문에 회사에 따라서는 정형화된 회의록 형태를 고집하는 기업도 적지 않다. 하지만 회의가 진행된 날짜와 시간, 장소, 회의 목적, 참석자/불참자, 주요 참석자 발언 내용, 의제별 결정 사항, 실행 계획 등 회의와 관련된 중요한 내용이 포함되면 형식 자체는 크게 문제되지 않는다.

회의록은 기록에 관한 것이므로 내용이 방대할 수밖에 없다. 하지만 세세한 모든 발언, 의사 결정 과정까지 다 포함시키는 것은 바람직하지 않으며 핵심 내용을 중심으로 요약해서 정리하는 게 좋다. 회의장에서 메모만으로 모든 내용을 확인할 수 없기 때문에 정확한 회의록을 작성하기 위해서는 회의 내용을 녹음하는 것이 일반적이다.

회의록을 가리키는 영어로는 meeting minutes 혹은 meeting notes 둘 다 쓰지만, meeting minutes가 보다 공식적이고 형식적인 성격이라면, meeting notes는 그보다 덜 공식적이고 덜 형식적인 회의록을 의미한다.

📍 회의록 이메일 대상

- Board meetings 이사회 미팅
- Quarterly meetings 분기 회의
- Problem-solving meetings 문제 해결 회의
- Planning meetings 계획 단계 회의
- Training sessions 훈련 세션
- Status update meetings 미팅 전개 현황
- Brainstorming sessions 브레인스토밍 세션

📍 작성 요령

❶ 중요한 회의라면 회의 내용을 모두 녹음한다.

❷ 회의록은 회의가 끝나는 즉시 작성한다.

❸ 날짜와 시간, 장소, 참석/불참자, 의제 정리, 의제별 결정 사항 혹은 합의 내용 등을 여러 번 확인한다.

❹ 불확실한 부분이 있다면 회의 참석자에게 확인한다.

❺ 주관적 느낌을 배제한 채 발언 위주로 객관적으로 기술한다.

❻ 다른 회의 참석자에게 회의록 검토를 부탁하고 잘못된 내용은 수정한다.

❼ 회의록은 별도로 프린트해서 문서로 보관하는 게 바람직하다.

내용 구성

| 메일 제목 subject line | → | 상대방에 대한 인사 greeting | → | 메일 목적 topic sentence |

| 회의록 내용 minutes/notes | → | 마무리 closing | → | 사인오프/서명 sign-off/name |

많이 쓰는 단어

agreed	confirmed	discussed	intended	proposed
approved	decided	disputed	meant	raised
chose	defined	emphasized	named	reported
clarified	determined	examined	pointed	stated
concluded	disagreed	informed	preferred	suggested

많이 쓰는 표현

● The meeting's participants were …

회의 참석자는 다음과 같습니다.

● Upon motion duly made and seconded, the directors unanimously approved the following resolution: …

정식 발의하고 재청된 안건에 대해 이사들은 다음 결의안을 만장일치로 승인하였습니다.

- After our discussions, the following projects and deadlines have been assigned.

  논의 끝에 다음의 프로젝트와 각 마감 시한이 정해졌습니다.

- An overview of the main points for today's meeting can be found below: …

  오늘 회의의 핵심 내용을 요약하면 다음과 같습니다.

- In today's meeting, we discussed the content strategy for our upcoming marketing campaign for …

  오늘 회의에서는 다가올 마케팅 캠페인에 사용할 콘텐츠 전략에 대해 논의하였습니다.

- Following further discussion, it was agreed that …

  추가 논의 끝에 다음과 같이 합의하였습니다.

- Thank you to everyone that attended this morning's meeting. It was quite productive, and I appreciated everyone's contribution.

  오늘 아침 회의에 참석해 주신 모든 분들께 감사합니다. 회의는 매우 생산적이었으며 여러분의 공헌에 감사드립니다.

◉ 이메일 제목

미팅 제목과 회의록을 명확하게 표시한다.

- Subject: Minutes on BOD Meeting

  제목: 이사회 회의록

- Subject: Meeting Notes on Marketing Project

  제목: 마케팅 프로젝트에 대한 미팅 회의록

- Subject: Meeting Notice/Agenda

  제목: 미팅 공지/의제

EXAMPLE

✉ 회의 및 의제 안내

Subject: Department Meeting Notice and Agenda

Dear [name],

The department meeting is set for [date] at the company's executive room from [starting time] to [finishing time]. The following is the summary of the meeting agenda:

Agenda Details

- Announcement of meeting itinerary and opening remarks
- Summary of the conclusion of the last meeting
- Management Report by [employee's name]
- Financial Report by [employee's name]
- New marketing strategies for international market [employee's name]

Adjournment

Regards,

[Your name]

부서 회의는 [날짜]에 [시작 시간]부터 [마감 시간]까지 회사 임원실에서 진행됩니다. 다음은 회의 안건 요약입니다.

의제 세부 사항

‒ 회의 일정 발표 및 개회사 발언
‒ 지난 번 회의 결론 요약
‒ 경영 보고 [직원명]
‒ 재무 보고 [직원명]
‒ 국제시장 신규 마케팅 전략 [직원명]

휴회

✉ 마케팅 프로젝트에 관한 미팅 회의록

Subject: Meeting Notes on Marketing Project

Hello everyone,

Thank you all for attending the meeting this afternoon. We covered many important items and achieved several goals that were set during the previous meeting. Great job!

In today's meeting, we discussed the content strategy for our upcoming marketing campaign for our new product. We reviewed what tasks were completed since the last meeting and listed additional projects. Here are more details on these discussions:

- [Name of person A] updated us on the progress of the new marketing webpage for the new product – they are finished and ready for content.

- [Name of person B] shared a presentation reporting on our future marketing campaign for our other new product – a key takeaway was to target younger audiences through social media platforms.

After our discussions, the following projects and deadlines have been assigned:

- [Name of person C] is to write supporting social media posts and post to their respective outlets. Deadline: [date]

In our next meeting, [new date], we will include updates on each project.

If you have any questions, please contact me.

Sincerely,

[Your name]

오늘 오후 회의에 참석해 주신 모든 분에게 감사 인사를 전합니다. 회의를 통해 중요한 의제들이 많이 논의됐고 직전 회의에서 정했던 몇 가지 목표도 무난히 달성했음을 알립니다. 수고 많으셨습니다! 오늘 회의에서는 다가올 신제품 마케팅 캠페인에 활용할 콘텐츠 전략을 논의하였습니다.

또 지난번 회의 이후 어떤 과제들을 완료했는지 검토했고, 몇 가지 프로젝트를 추가하였습니다. 오늘 논의된 구체적인 내용은 다음과 같습니다:

• [A씨]가 신제품 마케팅 웹페이지의 진행 상황을 보고했는데, 웹페이지가 이미 완성되어 콘텐츠 구성만 남아있습니다.

• [B씨]가 다른 신제품에 대한 향후 마케팅 캠페인에 대해 프레젠테이션을 진행했으며, 핵심 전략은 소셜 미디어 플랫폼을 통해 젊은 층을 공략하는 것입니다.

논의 후 다음과 같은 프로젝트와 마감일이 결정되었습니다.

• [C씨]는 소셜 미디어 지원 게시물을 작성하고 각 매체에 게시합니다. 마감: [날짜]

[날짜]에 열리는 다음 회의에서는 오늘 정해진 각 프로젝트에 대한 추가 보고가 있을 예정입니다. 궁금하신 점이 있으시면 연락 바랍니다.

✉ 회의 노트/요약

Subject: Meeting Recap

Dear Colleagues,

Thank you to everyone that attended this morning's meeting. It was quite productive, and I appreciated everyone's contribution.

Today's discussion focused on the plan for the upcoming semester. As we discussed, the Spring 2021 semester will be conducted online due to the ongoing COVID-19 pandemic. An overview of the main points for today's meeting can be found below:

• Syllabi must be uploaded to the website by next Friday

• All classes must contain pre-recorded lectures that have been uploaded to the website before the scheduled class time

• Testing will be conducted on campus during the assigned weeks

• Office hours are to be conducted through Zoom at specified times listed on the syllabus

- Teachers are responsible for providing technical support for students concerning the e-learning system

If you have any questions regarding the above-mentioned information, please send me a message. Have a great day, everyone!

Best regards,

[Your name]

오늘 아침 회의에 참석해 주신 모든 분들께 감사드립니다. 회의는 생산적이었기에 여러분의 노고를 치하드립니다. 오늘 회의에서는 다가오는 학기를 어떻게 운영할지가 핵심 의제였습니다. 논의한 대로 2021년 봄 학기는 현재 진행 중인 COVID-19 대유행으로 인해 온라인으로 진행될 것입니다. 오늘 회의에서 논의된 핵심 개요는 다음과 같습니다.

- 다음 주 금요일까지 웹사이트에 강의계획서를 업로드해야 함
- 모든 수업은 예정된 수업 시간 전에 미리 녹음된 강의를 웹사이트에 업로드해야 함
- 시험은 지정된 주간에 캠퍼스에서 수행함
- 학생 지도 등의 일상 업무는 강의계획서에 명시된 시간에 줌을 통해 수행함
- 교사는 e-러닝 시스템과 관련하여 학생들에게 기술적 지원을 제공할 책임이 있음

위에 언급한 정보와 관련하여 궁금한 점이 있는 분은 메시지를 보내주시기 바랍니다. 모두 좋은 하루 보내세요!

양해각서/합의각서/의향서 MOU/MOA/LOI

비즈니스에서 계약을 체결하기 전에 당사자 간의 의중을 확인하기 위해 작성하는 것이 MOU(Memorandum Of Understanding), MOA(Memorandum Of Agreement), LOI (Letter Of Intent) 등이다.

이들 문서는 계약 이전에 상호 간에 일정한 계약 체결의 의사가 있다는 점과, 이를 위해 양측이 최선을 다해 협조할 것이라는 점, 그리고 구체적으로 어떤 절차로 협력할 것인지를 다루는 것들이다. 이에 관한 이메일은 MOU/MOA/LOI 체결 추진 과정에서 첫 제안, 문구 수정, 서명의 주체, 대면 서명식 혹은 우편을 통한 비대면 서명 등을 정하기 위해 주고받는 것이다.

 tip **MOU, MOA, LOI의 차이점**

MOU 양해각서

당사자 간의 쌍방 합의를 기술한 계약 전 합의서에 해당한다. 하지만 일반적으로 계약(Contracts)의 구속력에는 미치지 못하며 당사자 간의 의지의 수렴을 표현하여 법적 약속이 아닌 의도된 공동 행동 노선을 의미한다.

MOA 합의각서

상호 합의된 프로젝트나 특정 사업을 성공적으로 달성하기 위해 양쪽 당사자가 서로 협력한다는 차원에서 작성되는 문서이다.

MOU와 MOA 사이에는 구속력의 차이에서 법적 구분이 있을 수 있지만, 두 문서가 유사한 언어로 작성될 경우 법률적으로나 실질적으로 차이를 발견하기 힘들다.

중요한 것은 양 당사자가 MOU나 MOA를 작성할 때 문서에 법적 구속력을 부과하겠다는 의지가 있느냐의 여부이다. 만약 법적 구속력을 강제하지 않거나, 강제하더라도 아주 약한 성격이라면 문서 자체는 사실상 법적인 구속력을 갖지 못하는 경우가 많다. 그 반대로 상호간에 법적 구속력을 부과하려면 상호 간에 합의된 내용을 강제할 수 있는 계약 혹은 합의 성격의 문구를 포함시킬 것이다.

LOI 의향서

어떤 것을 할 의향이 있다는 의사 표시를 뜻한다. MOU나 MOA가 양쪽 당사자 간에 합의된 내용을 담은 문서라면, LOI는 어느 일방의 입장이나 결정, 약속 등을 전달하기 위해 많이 쓰인다. 실제 비즈니스 실무에서는 수출입 허가가 필요할 때 상대국 정부에 제출할 계약 예비 문서로 활용되고 있다.

◎ MOU/MOA/LOI 이메일 대상

- Joint project/partnership 합작 프로젝트/파트너십
- International relations/Educational cooperation 국제 관계/교육 협력

◎ 작성 요령

❶ MOU/MOA/LOI 초안을 첨부 파일로 보내 상대방 의견을 타진한다.

❷ 양식은 특별한 경우가 아니면 제안하는 쪽의 양식을 사용한다.

❸ 내용 수정 제안이 있으면 이를 수용하고 내용을 수정해 다시 보낸다.

❹ 수정 제안을 받아들이기 어려우면 그 이유를 밝히고 상대방을 설득한다.

❺ 법률 검토를 거친 최종안을 첨부 파일로 보내 상대방의 마지막 확인을 거친다.

❻ 서명의 주체, 방법, 서명식 날짜, 참석자, 진행 방식 등을 협의하여 정한다.

📍 내용 구성

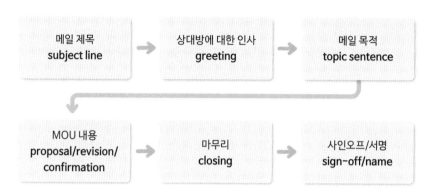

📍 많이 쓰는 단어

activities	coordination	objective	termination
agreed upon	document	parties	terms
agreement	duration	promote	understanding
confidentiality	express	provisions	valid
copies	identified	signing	willingness

📍 많이 쓰는 표현

- Earlier we sent an email to you regarding a proposal of cooperation.
  앞서 우리는 귀하에게 협력 제안에 관한 이메일을 보냈습니다.

- We had to make some minor changes in …
  ～에서 약간의 수정을 할 수밖에 없었습니다.

- We also included information regarding the contact person from our side in the supplemental agreement.

추가협약서에 우리 측 연락 담당자에 대한 정보도 포함시켰습니다.

- Our agreement has gone through all approvals and is ready for a
  signature by our …
  우리의 협약서는 모든 승인 절차를 마쳤으며 우리 측에서 서명할 준비가 되어 있습니다.

- The MOU and Supplementary Agreement on Exchange was signed
  and mailed today.
  교류에 관한 양해각서 및 추가합의서는 서명을 마치고 오늘 우편으로 발송됐습니다.

- If you have any questions or concerns regarding the document's
  details, please contact me with your comments.
  문서의 세부 내용과 관련하여 궁금한 점이나 우려 사항이 있으시면 의견과 함께 연락주시
  기 바랍니다.

- Will your university accept a digitally signed agreement? If it needs
  to be ink-signed, just let me know.
  합의서에 전자서명을 해도 괜찮은가요? 직접 서명이 필요하면 알려주시기 바랍니다.

⊙ 이메일 제목

MOU/MOA/LOI에 관한 것임을 명확하게 표시한다.

- Subject: On Cooperation/MOU Proposal
  제목: 협력에 관한 MOU 제안

- Subject: MOA Amendment
  제목: MOA 수정

- Subject: MOU Miscellaneous Provisions
  제목: MOU 기타 조항

- Subject: MOU Signing
  제목: MOU 서명

✉ 교육 기관 간의 MOU 제안

Subject: On Cooperation

Dear [name],

Earlier we sent an email to you regarding a proposal of cooperation. We have attached a draft agreement for your consideration (files attached).

Please review the document at your convenience. If you have any questions or concerns regarding the document's details, please contact me with your comments.

We are looking forward to hearing from you soon.

Sincerely,

[Your name]

일전에 귀하에게 협력 제안에 관한 이메일을 보냈습니다. 검토를 위해 합의서 초안을 첨부합니다. 편한 시간에 해당 문서에 대한 검토를 부탁합니다. 세부 사항과 관련하여 궁금한 점이나 우려 사항이 있으시면 의견과 함께 연락 주시기 바랍니다. 빠른 회신 기다리겠습니다.

✉ 기존 MOU 일부 수정 요구

Subject: Minor Amendment on Agreement

Dear [name],

I hope this email finds you well.

Please find the attached scanned copy of the signed agreements. We had to make some minor changes in the title of the signatory's position at the preamble and last page of the agreements.

We also included information regarding the contact person from our side in the supplemental agreement.

If you don't mind, we are ready to send you the original documents by post.

I'm looking forward to hearing from you soon.

Sincerely,

[Your name]

잘 지내시죠? 서명을 마친 합의서 사본을 첨부합니다. 합의서와 관련해서 약간의 변동이 있었는데, 합의서 서문과 마지막 페이지에 있는 서명자의 직책이 수정되었습니다. 추가합의서에 우리 측 연락 담당자에 관한 정보도 포함시켰습니다. 괜찮으시다면 원본 서류를 우편으로 보내드리고자 합니다. 빠른 회신 기다리겠습니다.

✉ MOU 서명 방식

Subject: Signing the MOU

Dear [name],

Our agreement has gone through all approvals and is ready for a signature by our university president. As we are all working remotely at this time, will your university accept a digitally signed agreement? If it needs to be ink-signed, just let me know. We will arrange it.

Kind regards,

[Your name]

우리의 합의서는 모든 승인 절차를 거쳤으며 우리 대학 총장님의 서명을 받을 준비가 되어 있습니다. 현재 우리 학교는 (코로나19로 인해) 재택근무를 시행하고 있는데, 합의서에 전자서명을 해도 괜찮을까요? 만약 직접 서명이 필요하다면 알려주시기 바랍니다. 준비하겠습니다.

✉ MOU 서명 후 우편 발송 확인

Subject: Signed MOU and Supplementary Agreement on Exchange

Dear [name],

The MOU and Supplementary Agreement on Exchange were signed and mailed today. The tracking number is EG00077777477TW.

The attached excel file is the admission requirements and other information from our school. In the meantime, we might need the admission requirements of your school to promote the exchange program.

For the admission of Fall 2021, when is the deadline for us to turn in the list of selected students? Will [university name] provide dormitory accommodation for our exchange students? If so, when is the deadline for the housing application?

Can [university name] provide some pictures (campus, landscapes, students, etc.) for us to design the promotional poster? Or does [university name] have a specific photo album on the website that is available for the public to use?

Our school has an English version PR video (see the link https://www.youtube.com/watch). Your school may use this video to promote the exchange program.

Respectfully,

[Your name]

오늘 교류와 관련된 MOU와 추가합의서에 서명을 마치고 우편으로 발송했습니다. 배송 조회 번호는 EG00077777477TW입니다. 첨부된 엑셀 파일에는 우리 학교의 입학 요건과 기타 정보가 담겨있습니다. 교환학생 프로그램 홍보를 위해 귀 학교의 입학 자격 요건이 필요합니다. 2021년 가을학기 입학을 위한 명단 제출 마감일은 언제입니까? [대학명]이 우리 측 교환학생에게 기숙사 숙소를 제공하는지도 궁금합니다. 제공한다면 기숙사 신청 마감일은 언제입니까? 홍보 포스터 제작에 필요한 사진(캠퍼스, 풍경, 학생 모습)을 보내줄 수 있을까요? 아니면 [대학명] 웹사이트에 사용이 허락된 공개된 사진첩이 있는지 알려주시기 바랍니다. 우리 측 영어판 홍보 비디오는 다음 링크를 참조하시면 됩니다(https://www.youtube.com/watch). 이 홍보 비디오는 교환학생 프로그램 홍보를 위해 귀 대학에서 얼마든지 사용할 수 있습니다.

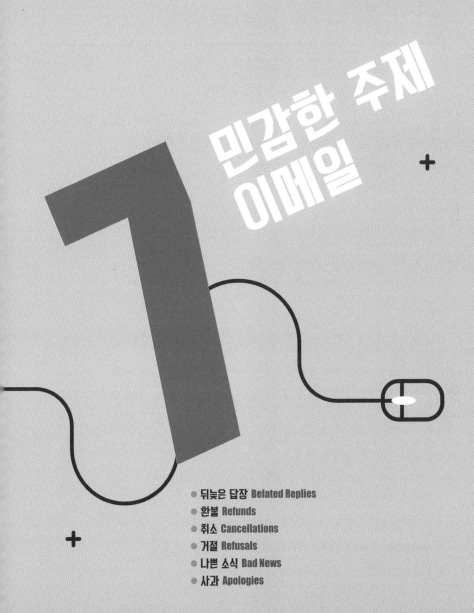

7 민감한 주제 이메일

뒤늦은 답장 Belated Replies

비즈니스를 하면서 곤란한 일 중 하나는 한참 시간이 지난 후에 뒤늦게 이메일에 답을 하는 것이다. 일상사가 너무 바빠서 답을 못할 수도 있고, 답장을 하기 곤란한 주제여서 차일피일 미루다 시기를 놓칠 수도 있다.

요즘에는 상대방이 메일을 읽었는지, 안 읽었는지 알 수 있기 때문에 읽고도 답을 하지 않았다면 자칫 상대방을 무시한다는 오해를 살 수도 있다.

메일을 받은 지 시간이 한참 흘렀다면 답 메일을 보내야 할지, 말아야 할지 고민이 될 수밖에 없다. 하지만 서양 속담에 'Better late than never.'(안 하는 것보다는 늦는 게 낫다.)란 말이 있으므로 늦더라도 답을 하는 것이 정답이다. 단 비즈니스에서는 'Better late than never, but never late is better.'(늦는 게 아예 안 하는 것보다는 낫지만, 늦지 않는 것이 더 좋다.)라는 말을 늘 명심하는 게 좋다.

◉ 뒤늦은 답장 이메일 대상

- Fallen behind on keeping up with inboxes 뒤늦은 메일박스 정리
- Replies to sensitive issues 민감한 주제에 대한 답변
- Refusals or rejections 거절 혹은 거부
- Meaningful and well-received sympathy notes 진심 어리고 공감 가득한 애도

📍 작성 요령

❶ 늦게 답장을 보내는 점을 인정하고 사과의 표현으로 시작하는 게 좋다.

❷ 사과하기가 여의치 않다면 기다려주어서 감사하다는 표현을 써도 좋다.

❸ 뒤늦은 답장은 일종의 사과 이메일에 해당하므로 정중한 표현을 쓴다.

❹ 답장이 늦어진 이유를 언급하되, 장황하게 설명하거나 정당화할 필요는 없다.

❺ 늦어진 이유로 본인/회사 환경 탓은 해도 절대 상대방의 탓으로 돌리지 않는다.

❻ 사과나 해명은 한두 문장에 그치고 곧바로 본론으로 들어간다.

❼ 필요하다면 이메일 마지막에 늦어진 데 대해 한 번 더 사과한다.

📍 내용 구성

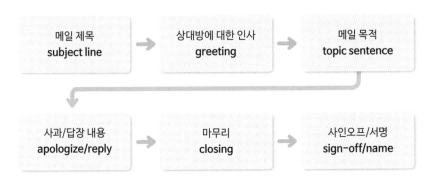

메일 제목	상대방에 대한 인사	메일 목적
subject line	greeting	topic sentence

사과/답장 내용	마무리	사인오프/서명
apologize/reply	closing	sign-off/name

📍 많이 쓰는 단어

absentminded	discover	inadvertently	regret	sheepish
accept	distressed	lack	remiss	sorry
apologies	embarrassed	negligence	reply	tardiness
apologize	excuse	overlook	reproach	terrible
delayed	forgive	pardon	response	upset

⊙ 많이 쓰는 표현

● Thank you for your patience in advance.
인내에 미리 감사드립니다.

● My apologies for the late reply.
늦게 답장을 보내게 된 점 사과드립니다.

● Sorry for the delay in getting back to you, it has taken time for me to clarify the issues within our departments.
회신이 늦어서 미안합니다. 부서 내에서 문제에 대한 입장 정리에 시간이 걸렸습니다.

● Please note that we have been receiving a large number of inquiries recently, so you may experience some delay in the responses.
최근 많은 질의가 쏟아져서 답변을 하는 데 시간이 지체되었습니다.

● Please accept our apologies for the delays caused by some internal re-organizations.
내부 조직 재정비 문제로 답신이 늦어지게 된 점 사과드립니다.

● It may take some time to respond, so …
회신하는 데 시간이 걸릴 것으로 생각됩니다.

⊙ 이메일 제목

뒤늦은 답장이라는 것을 밝히는 제목이 좋다.

● Subject: Apologies for Delayed Response
제목: 뒤늦은 회신에 대한 사과

● Subject: Sorry for the Inconvenience
제목: 불편을 초래해서 미안합니다

● Subject: My Apologies for the Late Response
제목: 회신이 늦어진 점 사과드립니다

✉ 메일을 뒤늦게 발견한 경우

Subject: Apology for Missing Your Email

Dear [name],

I am extremely sorry for the late response. I had so many emails that I scrolled past yours by accident. As per your request, it will take some time to find the reports as we need to compare them against last year's data.

Thank you for your patience in advance!

Regards,

[Your name]

회신이 늦어진 점 대단히 죄송합니다. 받은 메일이 너무 많아서 이를 읽어 내려가는 과정에서 귀하의 메일을 놓쳤습니다. 요청하신 내용은 작년 데이터와 비교해야 하는 관계로 답신에 시간이 걸릴 것으로 생각됩니다. 인내에 미리 감사드립니다.

✉ 인내를 갖고 기다려준 데 대한 감사 표현

Subject: Thank You for Your Patience

Dear [name],

Thank you so much for your patience. I understand that you would have preferred an earlier response to your email, but your proposal required some time to review. It looks great! I'm available on [date A] or [date B].

Does either of those dates work for you? I can't wait to hear about your idea when we meet.

Sincerely,

[Your name]

기다려 주셔서 감사드립니다. 빠른 회신을 기대하셨을 것으로 생각합니다만, 귀하가 보내주신 제안서를 살펴보는 데 다소 시간이 걸렸습니다. 대단히 멋진 제안서입니다! 저는 [날짜 A]나 [날짜 B]에 시간이 가능합니다. 어떤 날짜가 좋을까요? 빨리 만나서 귀하의 아이디어를 듣고 싶습니다.

✉ 답장하는 데 시간이 걸려서 미리 사과하는 경우

Subject: Apologize in Advance

Dear [name],

I just wanted to acknowledge that we have received your email. It may take some time to respond, so I would like to apologize in advance. Please bear with me, and I'll get back to you as soon as I can.

Regards,

[Your name]

귀하가 보내주신 메일을 받았습니다만, 회신에 시간이 걸릴 것으로 보입니다. 미리 양해 구합니다. 조금만 기다리시면 가능한 한 빨리 회신하도록 하겠습니다.

환불 Refunds

비즈니스 거래 과정에서 구입한 제품/서비스가 기대에 못 미치거나 잘못됐다면 환불을 요구하는 일은 흔하다. 미국에서만 한 해 소비자들의 환불 요구는 금액으로 3,690억 달러, 우리 돈으로 440조 원이 넘는다. 전체 구매 금액의 약 10%에 해당할 정도로 어마어마한 규모이다.

회사마다 환불 정책이 다를 수 있으므로 구매 당시 계약서에 적힌 환불에 관한 규정을 숙지하는 게 좋다. 자칫 시간만 빼앗기고 환불을 받지 못할 수 있기 때문이다.

환불에 관한 이메일은 감정이 섞인 표현을 최대한 자제하고 제품/서비스의 문제가 무엇인지 냉정하게 지적해야 한다. 그리고 왜 환불을 요구할 수밖에 없는지를 핵심 위주로 명확하면서도 단호하게 전달하는 게 좋다.

돈과 관련된 이메일은 자칫 감정싸움으로 흐를 수 있으므로 가급적 격식을 갖춰 정중하게 요청하는 게 바람직하다.

📍 환불 이메일 대상

- Faulty goods 불량품
- Damaged goods 파손 물품
- Overcharged payments 비용 과다청구
- Poor services 형편없는 서비스

📍 작성 요령

❶ 제목에 환불을 요구하는 것임을 분명히 한다.

❷ 환불하려는 상품명/서비스 이름을 먼저 밝힌다.

❸ 환불을 요구하는 이유가 무엇인지 설명한다.

❹ 구체적인 환불 방법과 시한을 확인한다.

❺ 격조를 갖춰 정중하게 요청/문의한다.

❻ 보내는 사람의 이름, 회사, 직책, 이메일, 전화번호 등을 잊지 않는다.

📍 내용 구성

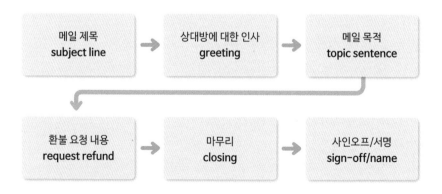

메일 제목
subject line
→
상대방에 대한 인사
greeting
→
메일 목적
topic sentence

환불 요청 내용
request refund
→
마무리
closing
→
사인오프/서명
sign-off/name

⊙ 많이 쓰는 단어

attention	dissatisfied	refund	settle
compensation	error	reimbursed	situation
complain	fault	resolve	standard
compromise	grievance	responsible	unacceptable
defect	mistake	satisfactory	warrant

⊙ 많이 쓰는 표현

- I am writing to inform you of an apparent defect in your products/services.
  귀사 제품/서비스의 명백한 하자에 대해 알리고자 메일을 씁니다.

- I am writing to you regarding the goods that we purchased from …
  우리가 구입한 귀사의 물품 문제에 관해 메일을 씁니다.

- It is too late to send a replacement.
  대체 물품을 보내기에는 너무 늦었습니다.

- According to your terms and conditions, …
  약관과 조건에 따르면.

- I just found that your company overcharged …
  귀사가 비용을 과다청구한 것을 발견하였습니다.

- We look forward to the resolution of this situation.
  이 상황에 대한 현명한 해결 방안을 기대하겠습니다.

- It seems that the product is faulty.
  불량품인 것 같습니다.

⌖ 이메일 제목

환불에 관한 것임을 밝히는 제목이 좋다.

- Subject: Requesting Immediate Refund
  제목: 즉각적인 환불 요구

- Subject: Request for Compensation
  제목: 보상 요청

- Subject: Returning Product for a Refund
  제목: 환불을 위한 상품 반송

✉ 제품 기준 미달에 따른 환불 요청

Subject: Request for a Refund

Dear [name],

I am writing to you regarding the goods that we purchased from you and were delivered to us on [date]. I regret to inform you that we are deeply disappointed with the goods you delivered since the quality did not meet our expectations. The product was rejected by our customers due to poor quality.

Therefore, we are requesting a [amount] refund following the return of the goods to you. Kindly make this refund promptly so that we can also do the same with our customers. It is too late to send a replacement, and we wish that you honor our refund request urgently.

Kind regards,

[Your name]

귀하로부터 구매하여 당사에 [언제] 도착한 상품과 관련하여 메일을 씁니다. 먼저 귀하가 보내준 상품이 우리가 기대했던 품질에 못 미쳐 대단히 실망했다는 점을 알려드리게 되어 유감입니다. 해당 제품은 품질이 좋지 않아 우리 고객들로부터 모두 거절당했습니다. 따라서 우리는 귀하에게 물품을 반환할 것이며 [금액]에 대한 환불을 요청합니다. 우리 회사 역시 고객에게 똑같이 환불을 해야 하기 때문에 최대한 신속히 처리해 주십시오. 새로 상품을 받기에는 너무 늦었습니다. 우리의 환불 요청이 시급하게 처리될 수 있기를 바랍니다.

✉ 비용 과다 청구에 따른 환불 요청

Subject: Overcharge and Refund Request

Dear [name],

After reviewing your file, I just found that your company overcharged us [amount]. We have notified the consumer services department, and we have included them as part of this email chain. We look forward to the resolution of this situation. Thank you for taking care of this immediately.

Sincerely,

[Your name]

청구서를 확인하는 과정에서 귀사가 우리 회사에 [금액]만큼 과다 비용을 청구했다는 사실을 알게 되었습니다. 당사의 고객 서비스 부서에도 이 문제를 알렸으며 메일도 참조하였습니다. 이 문제를 빠르게 해결해 주시면 감사하겠습니다.

✉ 제품 고장에 따른 환불 요청

Subject: Requesting a Full Refund

Dear [name],

I would like to ask for a full refund for the product that I bought from your company. I ordered the product online on [date]. I followed the straight forward step-by-step instructions, but it just doesn't work. **It seems that the product is faulty.**

Based on your terms and conditions, the customer can either get a full refund or obtain a replacement for the product. I would prefer a full refund for this product. Please transfer the refund to the account information as follows [type your bank account number/account holder name]. If you need to contact me, you can reach me at [phone number] or [email].

Hoping to hear from you soon.

Sincerely,

[Your name]

귀사에서 구입한 제품에 대해 전액 환불을 요청하고자 합니다. 이 제품은 [날짜]에 온라인으로 주문한 것입니다. 제품을 받은 후 사용설명서에 적힌 대로 했지만 아무 반응이 없습니다. 아마도 제품에 결함이 있는 것 같습니다. 귀사의 약관과 조건에 따르면 이 경우 전액 환불받거나 대체 상품을 받을 수 있다고 되어 있습니다. 저는 전액 환불을 요청합니다. 환불 금액을 [은행 계좌 번호/계좌 소유자 이름 입력]로 송금해 주시기 바랍니다. 제게 연락할 일이 있으면 [전화]나 [이메일]을 주시기 바랍니다.

취소 Cancellations

불가피한 사정으로 예정된 회의나 행사, 채용 면접 등을 취소하는 경우가 있다. 주최 측은 당혹스러울 수밖에 없는데, 이를 고객에게 알리는 일도 쉽지 않은 일이다. 또 추진중이던 프로젝트나 사업, 제품 주문 등이 예산상의 이유로 취소될 수도 있고, 인터넷을 통해 제공되던 IT 서비스가 수익성이 낮아서 강제로 종료되는 경우도 있다.

이 경우 고객에게 회의/행사/프로젝트/사업/서비스 등을 취소해야 하는 불가피한 사유를 설명해야 한다. 그리고 이로 인해 불편을 겪을 고객에게 기분이 상하지 않도록 정중하게 사과하는 것이 중요하다.

⊙ 취소 이메일 대상

- Business meetings/Events/Interviews 비즈니스 미팅/행사/인터뷰
- Business plans/Projects/Orders 비즈니스 계획/프로젝트/주문
- Services/Contracts/Bids 서비스/계약/입찰

⊙ 작성 요령

❶ 취소가 결정됐다면 즉시 관련이 있는 사람들에게 취소 사실을 알린다.

❷ 취소의 이유를 설명하고 취소로 인해 불편을 끼친 데 대해 사과한다.

❸ 취소에 따른 환불, 보상 등의 문제가 생긴다면 이에 관한 절차를 안내한다.

❹ 취소 후 추후 일정에 관한 정보가 있다면 이를 공지한다.

⊙ 내용 구성

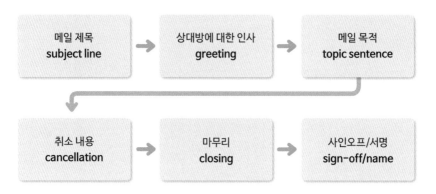

| 메일 제목 subject line | 상대방에 대한 인사 greeting | 메일 목적 topic sentence |
| 취소 내용 cancellation | 마무리 closing | 사인오프/서명 sign-off/name |

⊙ 많이 쓰는 단어

agreed	change	notice	reimburse
announce	compensation	postpone	reschedule
apologize	formally	reach	short
canceled	inconvenience	refund	understanding
caused	inform	regret	update

⦿ 많이 쓰는 표현

● It is regretful to inform you that the meeting is being canceled due to …
미팅이 ～로 인해 취소되었음을 알리게 되어 유감입니다.

● Please accept my sincere apologies for the short notice on this decision and any inconvenience this may have caused.
결정이 촉박하게 공지된 점과 그로 인해 겪으신 불편에 대해 사과드립니다.

● We will continue to keep you informed about …
계속해서 ～에 대해 귀하에게 알리도록 하겠습니다.

● I am writing to inform you that due to [event/illness], I have no choice but to cancel our staff meeting scheduled tomorrow at …
[사건/병] 등으로 인해 내일 [시간]에 열기로 했던 직원 미팅을 취소하게 되었습니다.

● I will contact you this week and suggest a new date and time.
이번 주에 연락드려서 새로운 날짜와 시간을 제안하도록 하겠습니다.

● We deeply regret the inconvenience of …
～의 불편에 대해 사과드립니다.

⦿ 이메일 제목

어떤 내용에 관한 확인/해명인지를 명확히 밝히는 제목이 좋다.

● Subject: Meeting Cancellation
제목: 미팅 취소

● Subject: Conference Cancellation
제목: 콘퍼런스 취소

● Subject: Interview Cancellation
제목: 인터뷰 취소

✉ 개인적 사유로 인한 미팅 취소

Subject: Staff Meeting Cancellation

Dear Team,

I am writing to inform you that due to my case of the flu, I have no choice but to cancel our staff meeting scheduled tomorrow at 2 p.m. Please accept my sincere apologies for the short notice and any inconvenience this may have caused.

I will contact you this week and suggest a new date and time.

Kind regards,

[Your name]

제가 독감이 걸려서 불가피하게 내일 2시로 예정되어 있는 직원 미팅을 취소하게 되었습니다. 급박하게 알리게 된 점을 사과드리며 혹시 불편을 끼쳤다면 양해하여 주시기 바랍니다. 이번 주에 새로운 날짜와 시간을 다시 제의하도록 하겠습니다.

✉ 코로나바이러스로 인한 국제 콘퍼런스 취소

Subject: CANCELED: [Organization Name] Conference on [Conference Name]

Dear All,

[Organization name] regrets to announce that the 2021 Conference on [conference name] has been canceled.

The health and safety of conference participants and [Organization name] staff members remain our top priority and were the determining factors in this tough decision.

As the conference dates approach, we have been closely monitoring developments related to the novel coronavirus (COVID-19) outbreak. The number of confirmed cases has continued to rapidly rise and several states have declared a state of emergency.

Meanwhile, colleges, universities, and state systems across the country have taken measures to curtail the spread of COVID-19, including the imposition of restrictions on domestic travel. These prudent restrictions also influenced the decision to cancel the conference.

Planning is currently underway to present selected keynote sessions and conference workshops virtually, and materials from concurrent session presentations will be posted online.

Those who registered for the 2021 Conference on [conference name] will soon receive information via email about virtual participation or refund options.

All conference-related hotel reservations at the [hotel name A], [hotel name B], and [hotel name C] have been canceled. Those wishing to reinstate their reservation should contact the hotel directly.

We will continue to keep you informed about plans for moving the conference program online.

Sincerely,

[Organization name]

[단체명]은 2021년 [회의명] 콘퍼런스가 취소되었음을 발표하게 되어 유감입니다. 콘퍼런스 참가자와 [단체명] 구성원들의 건강과 안전보다 중요한 것이 없기 때문에 취소라는 어려운 결정을 내리게 되었습니다. 콘퍼런스 날짜가 다가옴에 따라 우리는 그동안 코로나바이러스(COVID-19) 발생과 관련된 상황을 면밀히 주시해 왔습니다. 감염자 수는 계속해서 빠르게 증가하고 있고 몇몇 주는 비상사태를 선포하기도 했습니다. 전국 단과 대학과 대학교, 주 정부는 국내 여행 제한 조치를 포함한 COVID-19 확산을 억제하는 각종 조치를 취했습니다. 코로나바이러스 확산을 막기 위한 이러한 일련의 조치들 역시 콘퍼런스 취소 결정에 영향을 미쳤습니다. 이미 확정된 기조 발표 세션과 콘퍼런스 워크숍은 화상회의를 통한 진행을 계획 중이며, 동시 세션 발표 자료도 온라인으로 게재할 예정입니다. [회의명] 2021 콘퍼런스에 이미 등록한 사람들은 곧 이메일을 통해 화상회의 참여 방식이나 환불 옵션에 대한 자세한 정보를 받게 될 것입니다. 한편 [호텔 A], [호텔 B], [호텔 C] 등 콘퍼런스와 관련된 모든 호텔 예약은 취소되었습니다. 취소된 예약을 원상복구시키려는 참가자들은 직접 호텔 측에 연락하시기 바랍니다. 화상회의 진행 방식에 대해서는 계속 관련 정보를 제공하겠습니다.

거절 Refusals

세상을 살아가면서 힘든 일 중 하나는 지인의 부탁이나 요청을 거절하는 일이다. 비즈니스에서도 미팅 요청이나 거래처로부터 제품 구매 등을 요청받는 경우가 있는데, 이를 거절하는 것은 쉽지 않다.

고객의 환불 요구 역시 무 자르듯이 단칼에 거절할 수 있는 일이 아니다. 따라서 고객을 회사의 적대 세력으로 만들지 않으면서도 정중하게 거절해야 하는 방법이 필요하다. 이밖에도 지인으로부터의 일자리 부탁, 초청, 사업제안서, 기부 요청 등 세상에는 거절해야 할 대상이 매우 많다.

거절과 관련된 이메일은 더욱 조심스럽고 신중하게 써야 한다. 상대방의 기분을 상하지 않게 거절하는 것도 비즈니스맨들이 갖춰야 할 덕목 중 하나로 꼽힌다.

⊙ 거절 이메일 대상

- Business invitations 비즈니스 초청
- Claims/refund requests 배상 청구/환불 요청
- Contract proposals 계약 제안
- Sales presentations/offers 판매 프레젠테이션/제안
- Job offers 채용 제안

- Recommendation requests 추천서 요청
- Donation requests 기부 요청

작성 요령

❶ 거절하더라도 요청이나 제안에 대해 먼저 감사의 뜻을 전한다.

❷ 초청, 제안, 요청 등에 대해 취지에 공감한다는 점을 밝힌다.

❸ 공감한다고 전한 후에 거절한다는 의사를 분명히 밝힌다.

❹ 필요하다면 거절할 수밖에 없는 이유를 설명한다.

❺ 거절하면서 거짓 핑계, 거짓 이유를 대서는 안 된다.

❻ 상대방의 제안이나 요청에 대해 오해를 살 수 있는 평가나 조언을 하지 않는다.

❼ 요청이나 부탁에 대해 다른 대안을 역으로 제시하는 것도 때로는 필요하다.

❽ 마무리는 정중하게 하고 상대방의 노력에 행운을 빌어준다.

내용 구성

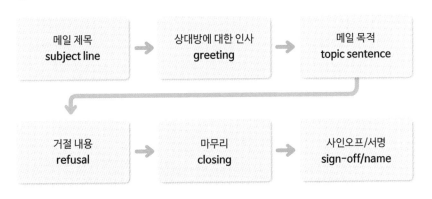

📍 많이 쓰는 단어

awkward	difficult	impractical	regretfully	unable
change	dilemma	invitation	reject	unavailable
circumstances	doubtful	obstacle	reluctantly	unfeasible
contraindicated	future	overextended	respectfully	unfortunately
decline	impossible	overstocked	respond	unlikely

📍 많이 쓰는 표현

- Thanks for sending an invitation, but unfortunately, due to prior commitments, I am not able to attend …
  초청장을 보내주셔서 감사합니다만, 유감스럽게도 선약이 있어서 참석할 수 없습니다.

- I really appreciate your invitation, but I'm unavailable …
  초청해 주셔서 진심으로 감사드립니다만, 참석하기가 어렵습니다.

- Thanks for thinking of me; I really enjoyed working with you. However, I'm not sure if I'm the best person to write you a recommendation.
  (추천인으로) 저를 생각해 주셔서 감사드립니다. 귀하와 함께 일했던 것은 매우 즐거운 경험이었습니다. 하지만 제가 귀하를 위해 추천서를 쓸 적임자인지는 모르겠습니다.

- After a great deal of deliberation, I must respectfully decline your invitation to join [company name].
  오랜 고민 끝에 [회사명] 채용과 관련된 귀하의 제의를 정중하게 거절합니다.

- After careful consideration of all the proposals we received for the contract, I regret to inform you that …
  접수된 모든 제안서를 신중하게 검토한 결과, ~와 같이 알리게 되어 유감입니다.

⊙ 이메일 제목

거절의 뜻이 담긴 간결한 제목이 좋다.

- Subject: Declining Proposal
  제목: 제안 거절

- Subject: Unable to Attend
  제목: 참석 불가

- Subject: Refusing Refund Request
  제목: 환불 요청 거절

✉ 미팅 제안 거절

Subject: Unable to Attend Meeting

Dear [name],

I'm so glad you're interested in discussing the project that our company is considering. Unfortunately, I'm unavailable to travel this week, so I cannot meet you in person to discuss this further. However, I'm happy to start discussing the project via email if that works for you?

Thanks for understanding.

Regards,

[Your name]

우리 회사에서 검토 중인 프로젝트에 대해 관심을 가져주셔서 감사합니다. 아쉽게도 이번 주에는 출장이 불가능하여 귀하와 직접 만나서 이 문제를 논의하기는 어렵습니다. 괜찮으시면 이메일을 통해서 프로젝트에 대해 논의하면 어떨까요?

✉ 사업 제안 거절

Subject: Declining Proposal

Dear [name],

Thank you for submitting a bid for the redesign of our homepage. **After careful consideration of all the proposals we received for the contract, I regret to inform you that** on this occasion your proposal has been unsuccessful. We have decided to offer the contract to one of the other bidders.

Although your proposal was very professional and well-thought-out, we felt that the design did not focus enough on the social media channels our company uses, and it was a little over-complicated and confusing to use.

We will be more than happy to consider you for any web development or redesign projects we have in the future.

If you require any further feedback, please do not hesitate to contact me at [phone number] or by [email].

Sincerely,

[Your name]

당사 홈페이지를 새로 구축하는 프로젝트에 응찰해 주셔서 감사합니다. 접수된 모든 제안서를 신중히 검토한 결과, 아쉽게도 귀하의 제안서가 채택되지 못했음을 알려드리게 되어 유감입니다. 이번 계약 건은 다른 입찰자에게 맡기기로 결정했습니다. 귀하의 제안서는 전문적이고 많은 요소들을 고려했지만, 제시한 디자인이 우리 회사가 사용하는 소셜 미디어 채널을 충분히 소화하지 못하였고, 사용하기에는 약간 어려우며, 혼란스러운 느낌이었습니다. 하지만 향후 또 다른 웹 개발이나 홈페이지를 새로 구축하는 프로젝트가 있다면 귀하를 적극 고려할 것입니다. 피드백이 더 필요하시다면 주저 없이 [전화] 또는 [이메일]로 문의하십시오.

✉ 제품 구매 제안 거절

Subject: Declining Sales Offer

Dear [name],

Thank you for your email regarding the product being pitched. Unfortunately, we won't be able to purchase the product right now as we are already working with another company and feel happy with the results.

However, we will contact you if our circumstances change because we were impressed with your company's offerings. We will keep your company in mind if a situation for a future partnership comes to fruition.

Sincerely,

[Your name]

귀사가 홍보하는 상품에 관해 메일을 주셔서 감사드립니다. 유감스럽게도 우리 회사는 이미 다른 회사와 협력을 진행 중이며 결과에 만족하고 있어서 지금 당장은 귀사의 제품을 구매하기가 어려울 것 같습니다. 하지만 귀사의 제품 설명은 대단히 인상 깊었습니다. 만약 상황이 바뀌게 된다면 연락드리겠습니다. 향후 상호 간에 파트너십이 결실을 맺을 것으로 기대하며 귀사를 계속 염두에 두겠습니다.

나쁜 소식 Bad News

좋은 소식은 서로 알리고 싶어도 나쁜 소식은 모두가 꺼리는 법이다. 비즈니스에서도 가장 힘든 이메일 중 하나가 상대방에게 좋지 않은 소식을 전하는 것이다.

싫든, 좋든 일을 하다 보면 직장 동료와 관련된 안 좋은 소식을 전해야 할 때도 있고, 상사에게 부진한 실적을 보고해야 할 때도 있다. 사업 파트너에서 프로젝트를 더 이상 진행할 수 없다는 비보를 전해야 할 수도 있고, 고객에게 환불 불가 등 유쾌하지 못한 소식을 알려야 할 수도 있다. 이런 경우 상대방에게 어떤 방법으로 알려야 상처와 충격을 최소화할지 고민될 수밖에 없다.

특히 정리해고, 부서 통폐합, 임금 삭감, 채용 불합격과 같은 민감한 내용이라면 최대한 정중한 표현으로 상대방에게 안 좋은 소식을 전해야 한다. 아울러 위로 혹은 격려의 말을 잊지 않는 것이 바람직하다.

나쁜 소식 이메일 대상

- Layoffs 해고
- Pay reductions 임금 삭감
- Rejecting a job applicant 지원자 불합격
- Bids/proposal rejections 경쟁 입찰/제안서 탈락
- Closing a subsidiary/branch 자회사/지점 폐쇄

◎ 작성 요령

① 제목에 솔직하게 나쁜 소식임을 알린다.

② 빙빙 돌려 말할 필요 없이 단도직입적으로 나쁜 소식을 전한다.

③ 나쁜 소식은 모호해서는 안 되며 오해가 없도록 분명하고 확실하게 전한다.

④ 상대방을 이해시키고 나쁜 소식을 받아들이도록 설득한다.

⑤ 다른 좋은 방안이 있다면 대안으로 제시한다.

⑥ 나쁜 소식에도 불구하고 상대방과의 우호적 관계는 지속된다는 것을 강조한다.

⑦ 나쁜 소식의 원인이 상대방이라고 비난하거나 모욕적인 문장은 피한다.

⑧ 정중하게 마무리하고 격려의 말을 잊지 않는다.

◎ 내용 구성

메일 제목	상대방에 대한 인사	메일 목적
subject line	greeting	topic sentence

나쁜 소식 내용	마무리	사인오프/서명
bad news	closing	sign-off/name

◎ 많이 쓰는 단어

afraid	decline	due to	patience	sorry
announce	deeply	effort	regret	success
appreciate	doubtful	examine	regretfully	unable
carefully	difficult	inform	reject	unfortunately
decision	disappointed	impressed	reviewing	wish

⊙ 많이 쓰는 표현

- It's with regret we have to inform you of the closure of our branches.
  우리의 지점 폐쇄 소식을 알리게 되어 매우 유감입니다.

- I'm afraid we have not been able to solve the issue in the given time.
  주어진 시간 안에 문제를 해결하지 못해 유감입니다.

- I regret to inform you that you were not shortlisted for the next round of interviews.
  다음 면접 기회에 올라가지 못했음을 알리게 되어 유감입니다.

- We have made the decision to eliminate some positions in our organization.
  우리 회사에서 몇몇 자리는 없애는 것으로 결정하였습니다.

- I would like to point out that it has nothing to do with the quality of your work.
  (이 결정이) 귀하의 업무 실적과는 무관하다는 점을 강조하고 싶습니다.

- Due to this situation, the [department name] has come to a difficult but necessary conclusion.
  상황이 상황인 만큼 [부서명]은 힘들지만 필요하다고 생각되는 결정을 내리게 되었습니다.

- We have decided to move forward with another …
  아쉽지만 다른 지원자를 선택하기로 했습니다.

⊙ 이메일 제목

나쁜 소식이라는 것을 직접 알리는 제목이 좋다.

- Subject: Layoff Notice
  제목: 해고 통보

- Subject: Pay Reduction
  제목: 임금 삭감

- Subject: Bid/Proposal Rejection
  제목: 입찰/제안서 탈락

✉ **손실 발생에 따른 구조 조정 통보**

Subject: Big Loss and Layoff Decision

Dear [name],

I regret to inform you that the company has come to the decision to eliminate some positions in our organization. We have been experiencing financial difficulties due to the sharp economic decline within our industry. As you are all aware, we have taken action to adapt to this economic change with new products, but this action has not resulted in increased profitability.

This plan will go into effect in October this year, and you're one of the 20 workers whose position has been phased out. I would like to point out that it has nothing to do with the quality of your work. I know that with your qualifications and experience you'll have no trouble getting on somewhere else. Please let me know if there's anything I can do to help.

Sincerely,

[Your name]

HR Director

회사의 일부 직책을 없애기로 결정했다는 소식을 알려드리게 되어 유감입니다. 최근 경제가 급격히 얼어붙으면서 우리 회사는 재정난을 겪어왔습니다. 다들 아시겠지만 신제품 출시를 통해 어떻게든 위기를 극복하려고 했지만 아쉽게도 수익성 개선에는 별 도움이 되지 못했습니다. 이번 구조조정 계획은 올해 10월부터 단계적으로 시행될 예정이며, 아쉽게도 귀하의 경우 자리가 없어지는 20명의 직원 중 한 명임을 알려드립니다. 이번 결정은 귀하의 업무 실적과는 전혀 상관없이 결정되었음을 강조하고자 합니다. 직장인으로서 귀하가 갖고 있는 충분한 자격과 경험에 비추어볼 때 다른 회사로의 이직에 큰 어려움이 없을 것으로 믿습니다. 제가 도울 일이 있으면 언제든지 연락 주시기 바랍니다.

✉ 임금 삭감 통보

Subject: Pay Reduction

Dear All,

As we are all aware, the ongoing COVID-19 pandemic has had a dramatic effect on all of the businesses in our region. Due to this situation, the executive team has come to a difficult but necessary conclusion.Effective on [date], all exempt employees will receive a 10 percent reduction in their annual salary, and all nonexempt employees will receive a 5 percent reduction in their hourly pay rate.

This was an extremely tough decision we had to make, and we understand the impact this will have on you and your family. However, please know that we have considered several other alternatives, and the choice we made was the best option to avoid possible layoffs.

We believe the outcome from this measure will better position the company for a solid financial future. We appreciate all of your hard work, and we know we will have your support as we all strive for continued business success.

Should you have any questions, please don't hesitate to speak with your manager or contact human resources.

Sincerely,

[Your name]

CEO

다들 아시겠지만, 현재 진행중인 COVID-19의 대유행은 지역의 모든 사업에 막대한 영향을 끼쳤습니다. 상황이 이렇다 보니 집행부는 고통스럽지만, 조직을 위해 꼭 필요한 결정을 내리게 되었습니다. [날짜]를 기해 모든 관리직급 이상 직원들은 연봉 10%를 삭감하고 비 관리직급 직원들은 시간당 급여에서 5%를 삭감합니다. 이는 매우 고통스러운 결정이며, 이로 인해 귀하와 귀하의 가족에게 어떤 영향을 미칠지에 대해서도 충분히 이해합니다. 하지만 그동안 검토했던 다른 여러 대안 중에 이 방안이 해고를 피하기 위한 최선의 선택이었다는 것을 이해하여 주시기 바랍니다. 이번 조치로 인해 회사는 향후 재정적 어려움에서 벗어나 좀 더 호전될 것으로 기대합니다. 귀하의 노고에 늘 감사드리며, 우리 모두 한마음으로 지속적인 사업 성공을 위해 노력하기를 희망합니다. 이와 관련해서 궁금한 점이 있으면 주저하지 말고 매니저와 이야기하거나 인사 담당자에게 문의하십시오.

✉ 채용 불합격 통보

Subject: Your Application Result

Dear [name],

Thank you for taking the time to consider our company. We wanted to let you know that we have chosen to move forward with a different candidate for the PR specialist position. We really appreciate your interest in joining our company, and we want to thank you for your time and energy you invested in applying for our job opening. Though your qualifications are impressive, **we have decided to move forward with another** candidate whose experiences better meet our needs for this particular role.

We hope you'll keep us in mind and apply again in the future should you see a job opening for which you qualify.

If you have any questions, please don't hesitate to contact me either at [phone number] or by [email].

We wish you personal and professional success in your future endeavors.

Sincerely,

[Your name]

귀중한 시간을 내어 우리 회사에 지원해 주셔서 감사합니다. 아쉽지만 당사는 다른 지원자에게 홍보 전문가 자리를 제안하기로 결정했음을 알려드립니다. 우리 회사에 관심을 가져주셔서 감사드리며, 시간과 열정을 투자해 주신 점 또한 감사합니다. 귀하의 재능은 인상적이었지만, 당사는 해당 자리가 요구하는 경험을 갖춘 다른 지원자를 선택하게 되었습니다. 당사에서 또 다른 채용 기회가 마련되면 그때 다시 지원해 주시기를 바랍니다. 궁금한 점이 있으시면 주저하지 마시고 [전화]나 [이메일]로 연락하십시오. 귀하의 개인적, 직업적 앞날에 성공이 따르기를 기원합니다.

📄 사과 Apologies

사람은 누구나 실수를 한다. 고의든, 고의가 아니든 잘못을 했다면 상대방에게 곧바로 사과하는 게 예의이다. 비즈니스에서도 마찬가지다. 고객으로부터 받은 주문을 잘못 처리했거나, 중요한 약속을 어겼을 때, 마감 시한을 놓쳤을 때, 제품 배달이 잘못됐을 때, 직장 내 불미스러운 일에 휘말렸을 때, 실언 등으로 상대방에게 상처를 주었다면 일반적으로 사과의 이메일을 써야 한다.

사과는 상대방이 수긍하고 받아들일 수 있도록 분명하고 충분하게 진의가 전달되어야 한다. 그리고 잘못된 일 처리, 말 실수 등으로 상대방이 느꼈을 불편한 감정에 대해 솔직하게 공감하는 게 중요하다.

◎ 사과 이메일 대상

- Belated response to an invitation/favor 초청/호의에 대한 뒤늦은 답장
- Failure to keep an appointment 약속 불이행
- Missing deadlines 마감 시간 미준수
- Business errors 비즈니스 실수
- Delivery mistakes/delays 배송 실수/지연
- Giving someone's wrong name/phone number 이름/전화번호 오류
- Inappropriate behavior/Insulting remarks 부적절한 행동/모욕적 언어

⊙ 작성 요령

❶ 잘못에 대해 솔직 담백하게 사과한다.

❷ 문제를 제기하고 잘못을 환기해 준 데 대해 감사의 뜻을 전한다.

❸ 필요하다면 상대방의 감정에 공감을 표시한다.

❹ 잘못된 행동. 실수에 대해 변명을 하거나 정당화하지 않는다.

❺ 다른 사람의 탓으로 돌리지 않는다.

❻ 컴퓨터나 기계적 결함을 탓하는 것은 설령 사실이라도 최악의 핑곗거리이다.

❼ 사과와 함께 문제를 해결할 수 있는 구체적인 방법과 실행 의지를 밝힌다.

❽ 똑같은 실수와 잘못이 되풀이되지 않을 것임을 강조한다.

❾ 실수나 잘못에도 불구하고 우호적인 관계가 지속되기를 원한다고 강조한다.

⊙ 내용 구성

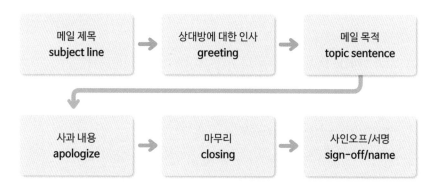

📍 많이 쓰는 단어

accept	careless	fault	negligence	sorry
admit	embarrassed	inconvenience	rectify	tactless
apologies	erroneous	incorrect	regret	thoughtless
apologize	excuse	misleading	responsible	understand
blunder	failure	mistake	pardon	unhappy

📍 많이 쓰는 표현

● Please accept my apologies.
제 사과를 받아주셨으면 합니다.

● Sorry for any inconvenience this situation may have caused.
이 상황으로 인해 불편함을 끼쳐드려 죄송합니다.

● I can only hope you will forgive me and give me a chance to …
용서를 구하며, 제게 다시 ~할 수 있는 기회를 주시기를 바랍니다.

● I promise that this won't happen again in the future.
이런 일이 두 번 다시 반복되지 않겠다고 약속드립니다.

● I take full responsibility for …
~에 대해 전적으로 책임을 지겠습니다.

● I will not make excuses for what has happened …
이런 일이 벌어진 데 대해 어떠한 변명도 하지 않겠습니다.

● It was very unprofessional on my part to not …
~하지 않는 것은 프로답지 못한 행동이었음을 시인합니다.

● I understand your disappointment. I am truly sorry.
실망하신 데 대해 전적으로 이해합니다. 진심으로 죄송합니다.

📍 이메일 제목

사과의 의미가 명확하게 담긴 제목이 좋다.

- Subject: Apology for Missed Deadline
  제목: 마감 시간을 못 맞춰서 미안합니다

- Subject: Apology for Not Attending Meeting
  제목: 회의 불참에 대한 사과

- Subject: Admission of Rude Behavior
  제목: 무례한 행동이었음을 인정합니다

✉️ 마감 시간 불이행에 대한 사과

Subject: Apology for Missed Deadline

Dear [name],

I apologize for missing the deadline we agreed upon for finishing our project. I take full responsibility for this. I know completing the project on time was a top priority for you. It was for me too! Please believe me that this won't happen again in the future. Our relationship is extremely important to me, and I never want my errors to set you off track.

Once again, I apologize for any inconvenience that this caused you.

Sincerely,

[Your name]

약속한 프로젝트 마감 시간을 맞추지 못해 죄송합니다. 이 일은 전적으로 제 책임입니다. 해당 프로젝트를 마감 시간에 맞춰 끝내는 것이 귀하에게 얼마나 중요한 일이었는지 잘 알고 있습니다. 저 역시 최선을 다해 맞추고자 했습니다. 이런 일이 다시는 일어나지 않을 것임을 약속드립니다. 귀하와의 사업적 관계는 제게 정말 중요합니다. 이번 실수로 우리 관계가 훼손되지 않았으면 합니다. 불편을 끼쳐드린 점 다시 한번 사과드립니다.

✉ 주문 처리 실수에 대한 사과

Subject: Incorrect Order Received

Dear [name],

We are very sorry that you received an incorrect order, and a replacement was sent right away for you. With your replacement we have also included a return postage label so that the incorrect item can be returned back to the seller. You only need to attach that label to the box you received with the incorrect item and give it to your mailman.

We apologize for the inconvenience that this caused you, and we promise that this won't happen again in the future.

Sincerely yours,

[Your name]

주문 처리가 제대로 되지 않아서 배송 오류가 발생한 점 사과드립니다. 정확한 주문 물품을 즉시 다시 보냈습니다. 물품과 함께 기존에 잘못 배송된 물품을 반송할 수 있는 우편봉투도 함께 동봉하오니 반송 부탁드리겠습니다. 박스에 반송할 주소가 담긴 라벨을 부착해서 우편으로 부치시면 됩니다. 이번 일로 불편을 끼쳐드린 점 사과드리며, 앞으로 이런 일이 다시는 발생하지 않을 것임을 약속합니다.

✉️ 미팅 약속 불이행에 대한 사과

Subject: Apologies for Not Attending Meeting

Dear [name],

Please accept my sincere apologies for missing yesterday's scheduled meeting. I am very sorry about my absence at such an important meeting. **It was very unprofessional on my part to not** inform you in time. **I understand your disappointment. I am truly sorry.** I can assure you that this mistake will never be repeated in the future.

Again, please forgive me. I'll do whatever it takes to win back the trust you had placed in me.

Sincerely,

[Your name]

어제 예정된 회의에 참석하지 못한 것에 대해 진심으로 사과드립니다. 회의의 중요성을 잘 알기에 더 미안하고 죄송합니다. 미리 알려드렸어야 했는데 그렇지 못한 것은 전혀 프로답지 못했고 귀하가 실망한 점도 충분히 이해합니다. 진심으로 사과드립니다. 다시는 이런 실수가 되풀이되지 않을 것임을 약속드립니다. 다시 한번 용서를 구합니다. 신뢰를 회복할 방법이 있다면 무슨 일이든지 하겠습니다.

✉️ 직장 내 무례한 행동에 대한 사과

Subject: Apologies for My Rude Behavior

Dear [name],

I would like to say that I am very sorry for my rude behavior towards you. I cannot defend my actions, but as you know I am handling three projects simultaneously and with work pressure, I did not realize that you were trying to help me. I have realized that it was insulting to you as the whole office was watching. I promise you that this act of mine won't be repeated.

Please accept my apology. I am extremely embarrassed about my behavior and look forward to making it up to you.

With regards,

[Your name]

귀하에게 행했던 무례한 행동을 진심으로 미안하게 생각하고 있습니다. 어떤 말로도 제 행동을 옹호할 수 없지만, 한꺼번에 세 가지 프로젝트를 동시에 진행하다 보니 업무 스트레스가 매우 심했습니다. 저를 도우려고 했었던 것도 깨닫지 못했습니다. 사무실에 있는 모든 사람들이 보는 가운데 그런 모욕적인 행동을 한 데 대해 사과드리며, 다시는 이런 행동이 되풀이되지 않을 것임을 약속하겠습니다. 제 사과를 받아주십시오. 저 역시 제 행동에 정말 당황했다는 점을 말씀드리고 싶고 어떤 형태로든지 귀하에게 보상하고 싶습니다.

Foreign Copyright:
Joonwon Lee
Address: 3F, 127, Yanghwa-ro, Mapo-gu, Seoul, Republic of Korea
　　　　 3rd　Floor
Telephone: 82-2-3142-4151
E-mail: jwlee@cyber.co.kr

비즈니스 영어 이메일 한권으로 끝내기

2021.　7.　8.　1판 1쇄 발행
2022.　9. 20.　1판 2쇄 발행

저자와의
협의하에
검인생략

지은이 | 제니 조, 마이클 매닝, 피터 래버, 최준영
펴낸이 | 이종춘
펴낸곳 | BM (주)도서출판 **성안당**
주소 | 04032 서울시 마포구 양화로 127 첨단빌딩 3층(출판기획 R&D 센터)
　　　 10881 경기도 파주시 문발로 112 파주 출판 문화도시(제작 및 물류)
전화 | 02) 3142-0036
　　　 031) 950-6300
팩스 | 031) 955-0510
등록 | 1973. 2. 1. 제406-2005-000046호
출판사 홈페이지 | www.cyber.co.kr
ISBN | 978-89-315-5757-2 (13740)
정가 | **16,000원**

이 책을 만든 사람들
책임 | 최옥현
진행 | 정지현
교정·교열 | 안혜희
본문·표지 디자인 | 상:想 company
홍보 | 김계향, 이보람, 유미나, 이준영
국제부 | 이선민, 조혜란, 권수경
마케팅 | 구본철, 차정욱, 오영일, 나진호, 강호묵
마케팅 지원 | 장상범, 박지연
제작 | 김유석

■ **도서 A/S 안내**

성안당에서 발행하는 모든 도서는 저자와 출판사, 그리고 독자가 함께 만들어 나갑니다.
좋은 책을 펴내기 위해 많은 노력을 기울이고 있습니다. 혹시라도 내용상의 오류나 오탈자 등이
발견되면 "좋은 책은 나라의 보배"로서 우리 모두가 함께 만들어 간다는 마음으로 연락주시기
바랍니다. 수정 보완하여 더 나은 책이 되도록 최선을 다하겠습니다.
성안당은 늘 독자 여러분들의 소중한 의견을 기다리고 있습니다. 좋은 의견을 보내주시는 분께는
성안당 쇼핑몰의 포인트(3,000포인트)를 적립해 드립니다.
잘못 만들어진 책이나 부록 등이 파손된 경우에는 교환해 드립니다.